神父と修道士と宣教師たち

大山　悟　ほか共著

女子パウロ会

もくじ

はじめに

召命とは「わたしに従いなさい」という「キリストによる招き」です。ですから召命という言葉は一義的には司祭、修道者への神の呼びかけを意味します。しかし今では広くキリスト者全員に向けられる言葉にもなっています。

第二バチカン公会議の文書「信徒使徒職に関する教令」や教皇ヨハネ・パウロ二世の使徒的勧告「信徒の召命と使命」では、信徒にも固有な使命が与えられ、その使命に生きるよう招かれていることが明示されています。また家庭は召命の苗床（セミナリオ）ともいわれます。キリスト者共同体の信仰が堅固なものでなければ、召命は生まれませんし、育ちません。

この意味で召命は司祭、修道者に固有のものではなく、キリスト者全体にかかわる言葉といえるでしょう。すなわちキリストはキリスト者一人ひとりを、まずそれぞれのあり方の中で招き、神の国の実現のために寄与するように招かれるのです。召命をこのように考えると、家庭をつくるための結婚生活や、あるいは社会にありながら、神と人への奉仕のために独身を生きるあり方も、キリストの招きを生きるあり方だといえるでしょう。

神の招きに自分をゆだねる奉献者、すなわち聖職者といわれる司教・司祭・助祭や、奉献生活の会・使徒的生活の会（宣教会等）で修道者や宣教師として全生涯を奉献する者はもちろんのこと、社会にありながら修道者のような精神をもって生活される方々、種々の霊性を生きられる第三会会員の方々も、キリストによる招きに力づけられて神の御心を生きる人々といえるでしょう。

カトリックの女性信徒の召命に関しては、すでに『シスターたち―その歴史と今と未来に向かって』が出版されていますが、本書では男性の信徒の召命について、特にカトリック司祭・奉献生活の会・使徒的生活の会（宣教会等）を中心に教会の指針にそって考察したいと思います。

青少年が自分の召命を見いだすための歩みを助ける「望洋庵」の集いの紹介や、それぞれ独自の使命をもって日本の教会の中で献身し続けている四十五の修道会や宣教会の紹介もあります。キリストのよい知らせを宣べ伝える人がたくさん生まれるよう日ごろ祈り働く信徒のみなさまが、本書を読むことによってより具体的に、より熱心に召命のために尽力くださるための一助となれば幸いです。

第Ⅰ部……キリストに従っていく道

イエスはガリラヤ中を回って、諸会堂で教え、
御国の福音を宣べ伝え、また、
民衆のありとあらゆる病気や患いをいやされた。

マタイ4・23

イエスは言われた。「全世界に行って、すべての造られたものに
福音を宣べ伝えなさい。」

マルコ16・15

1章　カトリック司祭について

大山　悟

〈司祭とはどのような人ですか〉

カトリック信者にこの質問をするならば、肯定的また否定的な多くの答えを聞けそうです。その答えを聞くのは同じカトリック司祭として少し怖いです。カトリック教会が示す司祭像は特にヨハネ・パウロ二世教皇の使徒的勧告「現代の司祭養成」に明確に示されています。わたしは二十六年も司祭養成の現場で働いていますが、毎年「どのような司祭」を育てるのか繰り返し意識します。司祭養成は約七十年八十年先の未来を展望しながらなされます。今の養成が三世代先まで影響するのです。わたし自身が今も追い求めている司祭像を限られた紙面の中で描いてみたいと思います。

◉キリストを今、そこに具現する人

司祭とはイエス・キリストと深く一致し、キリストを自分の内に現存させ、自分のあり方を通して人々にキリストを感じ取らせる人です。その時代、その場にあって、キリストの現存を感じ取らせるのが司祭であるといえるでしょう。司祭の今日もまた将来も原則的に変わらない特徴は「キリストに似た者である」といわれます。キリストはどんな人にも分け隔てなく接しました。そのように司祭もすべての人を受け入れ愛します。キリストの心を心として（Ⅰコリント2・16）すべての人に奉仕するのです。

◉共にいる人

キリストは「わたしは世の終わりまで、いつもあなたがたと共にいる」（マタイ28・20）と言われました。このキリストの言葉を具体的にするのは司祭です。司祭が人々と「共に歩む人」であるとき、人々はキリストを身近に感じるのではないでしょうか。

わたしが小さかった頃、母は病弱でしたし、我が家は時には食べる物に困るほど貧しい家庭でした。そういう我が家を司祭はしばしば訪問し、自分がいただいた土産物を持ってきてくださいました。農繁期になると司祭が手伝いに来てくださることもありました。小さいながらわたしの心には司祭へのあこがれが生まれていました。わたしたちの家族にとって司祭は単なる〝神父〟ではありませんでした。〝神父様〟でした。様が一回ぐらいでは足りないほどでした。父も母もわたしたち子どもに初物の中で一番よいものを司祭に持っていかせました。わたしたちにとって司祭はいつも「共にある人」でした。命を支えていただいたと思っています。

この世界にはキリストを必要としている人が大勢います。キリストは「医者を必要とするのは、丈夫な人ではなく病人である。わたしが来たのは、正しい人を招くためではなく、罪人を招くためである」と言われました。司祭はこのキリストの言葉を具体的に生きる使命を受けている人なのです。日本では年間に二万人から三万人が自死しています。「共にいる」働きをする人が不足しているのではないでしょうか。たしかに司祭はキリストのように、実際に手を触れて病気を治すことはできません。しかし共に歩みながら、その人が神からいただいている力に気づき、その力を発揮できるように援助する人なのです。

◉聖性を生きる人

司祭は叙階の秘跡を受け、キリストの聖性に生きる人となります。司祭は清く澄んだ心を保ち、真理を生き束縛のない自由な心で神と人に奉仕します。三位一体の神の霊に生かされ、この神の聖性、すなわち尊い愛の豊かさを人々に示し、教え、感じ取らせるのです。司祭は輝きます。それは聖性の輝きです。存在の深みからあふれてくる霊的輝きです。これが司祭の自然な姿です。このような司祭はすべての人に安心を与えます。人はそのような司祭の前ではあるがままの自分でいることができるでしょう。

イエスが言われました。「疲れた者、重荷を負う者は、だれでもわたしのもとに来なさい。休ませてあげよう。わたしは柔和で謙遜な者だから、わたしの軛《くびき》を負い、わたしに学びなさい。そうすれば、あなたがたは安らぎを得られる。」（マタイ11・28－29）これは聖性に満ちた司祭の姿でもあります。

◉全面的な奉献者

また司祭は、キリストがご自分を御父に奉献されたように（ルカ2・22参照）、司祭もこのキリストの奉献に合わせて自らの全生涯を神にささげるのです。それは特に司祭が毎日執り行う、キリストの聖なる奉献（ミサ聖祭）において具体化されます。司祭はもはや自分のために生きるのではなく、「生きるとすれば主のために生き、死ぬとすれば主のために死ぬ」（ローマ14・8）のです。すべてを神と教会にささげるという思いがなければ「友のために命を捨てる」べき司祭職を十全に果たすことはできないでしょう。

一†教会の位階制度の中で共に働く司祭たち

〈位階制度とは〉

司祭は教会という組織の中で活動します。教会というギリシャ語のエクレジアは「呼び出す」「招集する」という意味を含んだ「人々の集い」を意味します。この教会は牧者であり頭であるキリストによって導かれる普遍的な集いであり、同時にこの地上に具体的に存在する共同体でもあります。

この地上の人たちに効果的に福音を宣べ伝えるために、地上的な制度が必要です。それが位階制度です。

「信仰は聞くことによって始まります。」(ローマ10・17参照)人はだれも自分で自分に福音を告げる命令と使命を与えることはできません。キリストから遣わされ、そのキリストの名によって語り、行動する権威と資格を受けた恵みへの奉仕者が必要なのです。

人々が神のことばを聞き、神の恵みに生きるために身を低くして仕える奉仕職の頂点にいる人が教皇です。教皇はキリストの代理者、かつこの地上における普遍教会の牧者です。

また教皇はキリストが第一の使徒であるペトロに特別に委任した任務を継承する人、ローマの司教であり司教団の頭なのです。

〈司教と司祭〉

◉よき牧者として仕える司教

主イエスは父に祈った後、自分が望んだ人たちを自分のもとに呼び寄せ、自分の側に置き、また神の国を告げるように派遣するため十二人を任命しました。彼らは主の権能にあずかり、すべての民に神のことばを告げ、聖化し、治め、世の終わりまで、牧し続けていく使命を受けました。この使徒たちの任務を継承しているのが司教たちです。

司教たちは協力者である司祭や助祭と共に、共同体に奉仕する任務を受け、神の代理として群れをつかさどり、教えの教師、聖なる祭儀の祭司、統治の役務者として、群れの牧者です

司教は信仰の伝達者であり、キリストの権威を帯びた教師といわれます。真正な権威をもって信仰と道徳に関することがらを教え、自分の群れを誤謬《ごびゅう》から守りキリストに導きます。

また司教は叙階の秘跡の充満を受けており「最高の祭司職の恵みの管理者」です。特に聖体祭儀が正しく挙行され、キリストがそこに現存し、キリストの力によって唯一の、聖なる、普遍の使徒的教会が成立するように指導するのです。

さらに司教はキリストの代理者および使者として、自分に託されたそれぞれの部分教会を助言、勧告、模範によって、また権威と聖なる権能によって統治します。統治する者は仕える者となるべきことを念頭において、真理と聖性のうちに自分の群れを育てるために、この権能を行使します。司教は仕えられるためではなく、仕えるために、また羊のために命をささげるために来たよい牧者の模範を生きる人です。

◉司教の協力者としての司祭

司教たちには、教会の中で託された責務を具体化するために賢明な協力者、助け手、道具となる人たちが必要です。それが司祭、助祭と呼ばれる人々です。

司祭は自らの権能の行使において司教に依存しています。すなわち司教によって司祭に叙階され、その叙階の秘跡の効力によって、最高永遠の祭司であるキリストにかたどられて、新約の真の祭司として福音を宣べ伝え、信者を牧し、神への礼拝を挙行するために聖別されるのです。

司祭は自分が委ねられた宣教・司牧の場において、自分が信頼と愛によって結ばれている司教をある意味で現存させ、神の民への任務と気遣いを司教に代わって実行するのです。司祭たちは司教の中にある最高の牧者キリストの権威を尊重し、真実の愛と従順をもって司教と一致します。

◉司教の司祭への配慮

一方、司教は司祭たちを自分の兄弟および友と考え、かれらの物質的、霊的善についてできる限り配慮します。司教は司祭たちの聖性について責任があり、司祭たちが十全な霊的生活を行えるように絶えず心を配ります。そして司教は親身になって司祭たちの話に耳を傾け支援します。また宣教・司牧活動と教区の善に関することがらについて相談し、協力を求めるのです。

また司教は病気の司祭、高齢の司祭、召命の危機にある司祭、あるいは職務を果たすことに失敗した司祭などに対しても、正すべきは明確に正しながらも、祈りと心からのあわれみをもって支えます。こうして司教と司祭たちはお互いに尊重し、一致・協力し合い、愛とゆるしの具体的な証しとなるのです。

〈司祭同士の助け合い〉

叙階によって司祭団に属するものとなった司祭たちは、みな互いに秘跡的兄弟愛によって親密に結ばれ、司教区の中で一つの司祭団を構成します。

司祭は種々の職務に従事していても、人々のために唯一の祭司職を遂行します。たとえ教区司祭あるいは修道会司祭であっても、すべての司祭はキリストの体の建設を目指し、真理の協力者となるため助け合うのです。また特にある困難に直面している司祭に対しては、時宜にかなった援助や助言を行います。

特に小教区で働く司祭はさまざまな問題を抱えた人の話を聴き、また教会やその司祭個人への苦情なども聞くので、重荷につぶされそうになることもあります。司祭はしばしば孤独なのです。孤独は司祭としての命を失わせる大きな誘惑を含んだ試練にもなります。そのために司祭同士が連絡し合い支え合うことは重要です。神学生の時から「同じ釜の飯を食った者同士」のつながりを継続し、司祭になっても定期的に集まることは望ましいことです。わたしの恩師はわたしがまだ学生だったころしばしば次のように助言してくださいました。「必ず聴罪司祭を持ち、定期的に告白しなさい。司祭職を困難に感じたら必ずその司祭に相談しなさい。」その恩師自身も定期的に親友の司祭とゆるしの秘跡を聴きあい、種々の問題を相談しあっていたようです。この助言をわたしは今も大切にしています。

今、ある教区の司祭たちは定期的に集い、スポーツをし、その後共に祈り、食事をしながら司牧、宣教の問題を話し合っていますが、このような司祭同士の集いはとても大切だと思います。

〔司祭と信徒〕

◉教師であり奉仕者である司祭

司祭は神の民の中で父として、教師また牧者として重要な役割を果たしますが、他のすべてのキリスト者と同様、主の弟子であり同じ神の恵みによって生かされ、キリストの唯一の体を構成する成員です。そして同じ神の国に属する司祭は「仕えられるためではなく仕えるために、また、多くの人の身代金として自分の命を献《ささ》げるために来た」（マタイ20・28）イエス・キリストに倣うのです。

現代社会に生きるキリスト者は種々の問題に直面し疲弊しています。家庭における夫婦、親子関係の希薄化、世俗主義、合理主義、メディアの影響、相対的な主観主義、市場が煽動する過度の消費主義、困窮者に対する司牧的同伴、多次元的な宗教がもたらすものなどに十分に応え得ない教会に幻滅を感じカトリックの信仰から離れる人も出ています。

司祭はキリスト者に神とのかかわりが切れたら、これらの問題への解決が困難になることを諭す人です。神との人格的交わりを持たせるのは信仰です。信仰が弱まるとき生きるための基盤も弱まります。司祭たちに与えられた緊急な課題は、信仰の光のあり方を今、再発見することであり、キリスト者の「信仰の養成」です。

司祭は信仰に基づく生き方を具体的な姿で示すことによって、すべてのキリスト者が神とのかかわりを深め、生きる力を神から汲める者となるようかれらの信

澤田和夫神父さまへの質問です！

Q † 司祭になってよかったですか？

よかった。大切な一人もう一人と洗礼を受けていきました。神に感謝。

Q † 司祭になって辛かったことは何ですか？

ありません。すべては神のみ心です。

Q † 後輩に言っておきたいことはありますか？

イエスさまのみ教えを一人でも多くの人に広めていくことができるようにと願っています。イエスさま大好き、マリアさま大好き、ヨセフさま大好き！
で頑張ってください。

Q † 司祭になったきっかけは何ですか？

一番上の兄が司祭になれずに死んでしまったので。華厳の滝（日光）で自殺する人がたくさんいることを知り、なんのはばかりもなく信仰を伝えたいと思いました。

Q † 天国でイエスさまに会ったら

ありがとうございます。おかげさまで天国に到着しました。

カトリック召命チームのHPより

仰を育てるのです。これが宣教であり、福音化の内実です。

宣教あるいは福音化とは単に知識を伝えることではありません。実際に神の恵みを人々に感じ取らせることです。神から受ける恵みによって日々直面する諸問題を解決する力を汲《く》み、この恵みの甘美さを味わわせることです。

キリスト者は司祭から霊的に養われ、信仰を生きるためにキリスト教教育を受ける権利を有しています。キリスト者が神の具体的教えとその働きを知るのは神のことばである聖書の学びと黙想を通してです。ですから司祭は人々と共に、神のことばを読み、黙想して味わい、神との具体的出会いのしるしである典礼にふさわしくあずかるように招くのです。

◉キリスト者の目印としての司祭
現代は欲と競争、所有を中心に動く世俗主義が蔓延《まんえん》しています。世俗主義が強いところでは、超越的な存在である神を否定し、倫理観が低下し、個人の罪や社会の罪に対する感覚も弱まり相対主義が着実に広まっています。こういう社会に生きるキリスト者は、自分の信仰を保ち、キリスト者としてのあり方を確認するため、最も身近なところにキリストの教えを具体的に生きる人の姿を求めます。キリスト者にとって司祭はキリストを映し出す人、唯一最高の牧者キリストを現存させる人であり、キリストを感じ取らせる身近な模範です。神と人々への全面的奉仕に生きる司祭は、隠れた私人ではなく公に人々の前に立ち、人々の道しるべとなる存在です。キリスト者が神とのかかわり方を知りたいとき、その神とのかかわりのあり方を、具体的な祈りの姿によって示すのは司祭です。

キリスト者が種々の困難に直面し、頼りにする人を必要とするとき、司祭はその人の側にいて、かれらと共に十字架をにないキリストに導く人です。司祭はキリスト者にとって自信をもって他人に紹介し、その人を連れて来てキリストに出会わせることのできる模範となる人（Ｉペトロ5・3参照）なのです。かつてフィリポがナタナエルに「来て、見なさい」（ヨハネ1・46）と言ってイエスに導いたように。従って司祭は世俗の中に隠れるのではなく人々の目印となる人であり、共同体の中で見分けられるように服装を整え、公的な役務の保持者としてのアイデンティティをはっきりと示す人なのです。

◉相互の助け合いによる信仰共同体の形成

一方、司祭はカトリック者の助けを必要としています。司祭は完全ではありません。司祭の養成は限られています。知らないことがたくさんあります。間違うこともあります。司祭になってから体得修得するべき事柄は多いのです。キリスト者の中には、信仰、知識、能力、指導力、人間性などの面で優れた男女がいます。司祭はその人たちの援助や助言を必要としています。司祭と競争するのではなく、よりよい信仰共同体を形成するために相互に助けあう必要があるのです。

〈助祭と司祭〉

社会における福音宣教の使命は多岐におよぶので教会は多くの協力者を必要としています。教会の聖職者位階制の中には「祭司職のためではなく、役務のために」按手《あんしゅ》を受ける人たちがいます。助祭と呼ばれる人たちです。助祭は司教および司祭団との交わりの中で、典礼と神のことばと愛の「奉仕」を通して神の民に仕えるために叙階されます。彼らはミサやゆるしの秘跡を執り行うことはできませんが、管轄権を有する司教や司祭たちの指示監督のもとに、荘厳に洗礼式を執り行い、聖体を保管し、分け与え、教会の名において結婚に立ち会い、祝福し、死の危険が迫った人に最後の糧を運び、信者たちのために聖書を朗読し、人々に教え勧告し、信者たちの礼拝と祈りを司式し、準秘跡を授け、葬儀と埋葬を司式する人です。

助祭には司祭職へ向けられている人と、その生涯、助祭職に留まる人たち（終身助祭）がいます。助祭職に留まる人たちの場合には、すでに結婚生活を送っている人が叙階される場合、あるいは独身の青年が助祭に叙階される場合がありま す。後者の場合には独身の規則が確実に守られなければなりません。

助祭は使徒たちから伝えられる按手によって聖別され、祭壇にいっそう固く結ばれて、司教あるいは主任司祭の名によって愛のわざに奉仕する人です。助祭職は仕える者となられたイエス・キリストの役務者ですから心から神の御旨を行い、主に仕え、人々にも愛と喜びを持って仕える者です。ですからあらゆる悪徳から身を清く守り、神を喜ばせ、人々の前であらゆる善を行う人なのです。

司祭たちは最も身近で奉仕し助けてくれる助祭たちに対して、彼らを霊的次元で援助しながら、教会のもろもろの事柄を、彼らと共に考え、社会の福音化に協働するのです。司祭たちの適確な助言や支援によって、助祭たちは教会の中で十全な奉仕職を遂行できるのです。

二†どんな人が司祭に呼ばれるのですか?

イエスはすべての人の救いを望み、すべての人に回心を求めます。このイエスの呼びかけに応えることを決心した人は洗礼を受け、イエスに従うものとなりキリスト者と呼ばれます。さらにより親密にイエスに従うことを望むすべての人にイエスは言われます。「わたしについて来たい者は、自分を捨て、日々、自分の十字架を背負って、わたしに従いなさい。」(ルカ9・23)イエスに呼ばれ、その招きに応える人はイエス・キリストの宣教の使命を引き継ぐ人となるのです。

司祭職は人間社会そしてキリスト教共同体から切り離されて存在するのではありません。司祭はイエスによって人々の中から、神と人々への奉仕のために呼び出され、キリストから宣教の使命を委ねられ、人々の中に派遣されていく人なのです。

〈司祭職にふさわしい人とは〉

◉信念を明確に表明できる人

司祭が働く場、派遣されていく場は「命がけの場」です。イエスは「わたしはあなたがたを遣わす。それは、狼の群れに羊を送り込むようなものだ」（マタイ10・16）と言われます。

この「平和」で「豊か」で「自由」な世俗の中で、少し気を抜くと世俗の渦の中に引き込まれ、霊性が希薄化し、司祭のアイデンティティを失うこともあります。欲と所有、競争の社会の中で、社会の否定原理と多忙さに追われ心身の健康を失うこともあります。

司祭は時には信仰と道徳、愛とゆるし、正義に関することなどにおいて、反対を受けるしるしとなることを恐れず、明確に表明する力を持つことも要求されます。

◉相手に聴き、誠実に対話し、共に歩める人

また時にはキリストの教えについて、教会のあり方について攻撃的な議論を吹っかけてくる人もいます。政治、経済、思想問題や今直面している解決不可能と思えるような問題を持ち込んでくる人もいます。さらにはその司祭の考えや言行を直接に侮辱し糾弾するために来る人もいます。しかし司祭はどんな時でも、どんな人に対してもキリストがそうであったように冷静に温和に相手を受け入れ、相手の訴えをよく聴き、毅然《きぜん》とした愛の心で賢明にそして明確に、相手の疑問に応え相手と共に歩める人であることが求められます。

〈司祭志願者の条件〉

したがって、だれでも望めば簡単に司祭になれるわけではありません。多くの困難や苦しみにあっても、自分を失うことなく、神への信頼に生きる司祭である

ことが求められるのです。それゆえ日本の教会では司祭になりたいと望む人に次のような条件を求めています。

◉カトリックの洗礼を受けた、独身の、男性

カトリック教会は、司祭に全面的奉献の生き方、すなわち独身を求めてきました。またキリストが直接に呼ばれた使徒たちとの関連から、特に男性にその職務を開いてきました。

◉自由意志による不断の決意

また司祭職に叙階されたいという人の望みは、自分の生涯を神と人への奉仕にささげるという自由意志に基づく不断の決意からのものであるべきです。司祭職は自分の人間的、霊的、知的成熟を目的とするものではありません。神の御旨をこの世界に具体化するために派遣され、神と人への奉仕のために全生涯をささげる存在なのです。

ですから司祭職への歩みは、他人からあるいは状況から強いられて仕方なく始

めるものでも、それ以外に職がないから、あるいは自分にとって司祭は人に教え指導し動かす生きがいのある職だからという理由で選ばれる職でもありません。司祭職は特に他人の人生に対して責任を負う真剣な命がけの使命なのです。

◉三年以上のカトリック信仰生活の体験

それ故に司祭職への道を歩み始める人は受洗後、三年以上カトリック信者として生活し、カトリックの教えに精通し、健全なカトリック信仰を有し、その信仰から力を得て生きる経験を持つ人です。

堅信の秘跡を受けて信仰が強められ、その信仰の喜びを伝えたいという望みを持っている人です。

◉奉仕職に生涯献身できると判断される心身の健康

正しい意向によって動機づけられ、良い評判を享受し、健全な生活態度、公認されている徳、受けるべき奉仕の役務に適合する人間的・道徳的資質、霊的・知的資質、肉体的・心理的健康および……聖なる奉仕職に永続的に献身できると判断される人です。

一方、聖なる奉仕職を遂行する能力が欠けると判断されるある種の精神的病を抱えている人、明らかに精神的、人格的な問題を持つと判断される人は司祭職に就くことはできません。

それは精神的な問題を抱えている彼らに司祭職の遂行に伴う種々の重責を負わせることはできませんし、また命の危機にかかわるさまざまな問題を持ち込む他の人々の心を安定と本来の心の状態に回復させる牧者の使命を、彼らに全面的に委ねることはあまりに過酷だからです。

このように司祭に求められる資質は軽微なものではありません。司祭は心身の健康を保持し、人間的、霊的に成熟した人なのです。また司祭はこの世にあって困難、悲しみ、苦しみ、つらさ、孤独、不安、恐れなどで魂が押しつぶされ、救いを必要としている人々に同伴し、彼らが神とのかかわりから回復の力を得ることできるように支える人なのです。

〔養成されていく歩み〕

◉初めから牧者にふさわしい人はいない。

しかし主からの司祭職への招きに最初から「わたしがここにおります。わたしを遣わしてください」（イザヤ6・8）と自信をもって言える人はいません。むしろ「ああ、わが主なる神よ、わたしは語る言葉を知りません。わたしは若者にすぎませんから」（エレミア1・6）と言うのが素直な心でしょう。だれも最初から主の牧者・宣教者にふさわしい者はいませんが、真の牧者・宣教者となるように養成されるのです。

神学校に入学してきたときには、幼稚で、礼儀作法や常識を知らず、わがままで自信に満ちた傲慢な人がいます。これは大変。どうなることやらと心配になります。しかし養成が進むうちに次第に変えられていきます。司祭になる頃には柔和、謙遜で、祈りの人、知恵に満ちた賢明な人、人を優しく導ける人に変わっています。本人がもともと内奥に持っていた謙遜と祈りの心、強い意志の力が開花したのでしょうか。人々の祈りが実ったのでしょうか。神がなさるわざは力強く、豊かで、素晴らしいです。養成の場は恵みが具体化する場であると感じます。

◉宣教に出る前に荒れ野で準備したイエス

イエス・キリストは神である父から聖なる者とされて世に遣わされた方でした。牧者・宣教者となる養成を受ける必要はありませんでしたが、わたしたちのために荒れ野の中を〝霊〟によって引き回され、四十日間、悪魔から誘惑を受けられました。そして真の牧者・宣教者であるために最も必要なことを自ら確認し、わたしたちに示されました。

人は食を得るために働きますが、根本的には神の口から出る一つひとつの言葉で生きることを留意すべきです。また人は豊かになると神を忘れてしまいますし、あるいは種々の試練に遭遇するとき、神からの具体的な助けが分からず、神の力、神の助けを疑ってしまいます。このようなときイエスは言われます。あなたの神である主を試してはならない。さらに人は栄華繁栄と他を支配する権力を熱望します。イエスは言われます。「あなたの神である主を拝み、ただ主に仕えよ。」

（マタイ4・10）

以上の三つの原理は単に頭で理解するだけでなく、キリスト自身が実体験されたように、将来、牧者・宣教者になる人たちもぜひ、実体験しておくべきことです。つまり牧者・宣教者としての働きができるようになるためには、人はまず神によって生かされていることを認めるべきです。自分の力で栄華や権力を得ようとしたり、神を試すようなことはせず、もっぱら神に仕え神を礼拝する者になることです。

◉聖パウロの宣教への準備期間

聖パウロはもともと熱心なユダヤ教徒でした。そのためにキリストの弟子たちを脅迫し、その教えに従う者がいたら縛り上げて連行していましたが、ダマスコへ向かう途中、天からの光によって地に倒れ、「三日間、目が見えず、食べも飲みもしなかった」（使徒9・9）のです。その後、主イエスから遣わされたアナニアによって目からうろこのようなものが落ち、元どおり見えるようになりました。そして身を起こして洗礼を受け、食事をして元気を取り戻し、サウロは数日の間、ダマスコの弟子たちと一緒にいてから、すぐあちこちの会堂で、「この人こそ神の子である」と、イエスのことを宣べ伝え始めたのです。熱心なユダヤ教徒から回心しキリストの宣教者としてふさわしくなるためにパウロにも準備期間があったのです。

〈司祭召命への具体的手続き〉

◉まず通っている教会の司祭に相談から

カトリックの洗礼を受けている独身の男性で、カトリック司祭の召命の道を歩もうと望む人は、まず自分が日頃、通っている教会の司祭に、その旨を伝え相談する必要があります。そこで司祭は適確な方向性を示してくれるでしょう。ある場合には修道会司祭・修道者への道が、ある場合には教区司祭の道が紹介されます。司祭・修道者召命の希望者は、紹介された修道会あるいは教区と連絡をとり、召命・養成担当者と面接することになります。

教区司祭になることを希望する人は、自分が通っている教会の司祭の紹介を得て教区の養成担当司祭と面接し、その養成担当司祭を通してその教区の司教と面接することになります。教区司教から受け入れが認められたならば、教区養成担当者の指示を仰ぎながら、司祭の養成の場である神学院に入学するために必要な書類をそろえ、養成担当者を通して神学院に送付します。

◉必要な書類

必要な書類は、「教区養成担当者と司教による推薦状」「入学希望者が属する教会の司祭による人物所見」「洗礼証明書および堅信証明書」「身上調査書」「最終学歴の卒業証明書と成績証明書」「健康診断書」などです。その他、入学審査に先立ち神学院から課される課題などもあります。

その後、入学審査をうけ合格すれば神学院にて司祭になるための養成を受けることになります。

三†司祭養成の内容・期間・四つの次元とは?

◉養成にふさわしい場

キリストの牧者・宣教者としての司祭の養成は、場と時の中でなされます。司祭養成の場は一般にセミナリウム（苗床・育成場・神学院）と呼ばれます。そこで養成を受けている人のことを神学生と呼びます。カトリック司祭の養成の場である神学院は多くの場合、町の中にあります。それは司祭を志す人は、人々の中から呼ばれ、人々とのかかわりの中で主によって養成され、司祭になったら人々の中に派遣されていくからです。世俗の波にさらされながら、世俗の中で世俗から離れる非日常の生活を行い、別の視点から世俗を眺め、世俗を聖化する力を養うのです。

神学院は養成の場ですので、神との対話の場である聖堂や共に食する場である食堂、学びの場である講義室、自由に話を交わす談話室、スポーツをして汗を流す運動場などがあります。神学生はこれらの場でなされる祈りや学び、奉仕や交わりなど一つひとつを大切にしながら自分を高めていきます。これらの場は養成のための空間ですので、日頃から念入りに清掃し整えます。これも重要な養成の一つです。

神学院では共同生活が行われ「共に」という面を大切にします。「共に」という行為や言葉は限りない力を秘めています。共に祈り、食し、分かち合い、共に働き、共に汗をかきます。他者と共にあることで、自分が見え、変えられ、力を得て、成長し、他者を知り、自他の立ち位置が分かり、自他を超えた存在者である神とその働き（救い）が分かるのです。

◉六年間の養成期間

神学院での養成は通常、六年かかります。この養成期間中に自分自身を深く知り、自分と他者のかかわりのあり方を知るための養成がなされます。また自分と神のかかわりも深められます。司祭として宣教・司牧するために必要な知識の獲得と真理を求め続ける力、宣教・司牧の手段や方法を修得するのです。

神学院での養成は「時」を大切にします。神学院の時間は祈りに始まり祈りに終わります。朝、教会の祈り、念祷（黙想）、ミサがあります。食事と講義があります。午後の講義の後、自由なスポーツ・交わりの時間があり、夕方には祈りや分かち合いがあります。夜は個人的な祈りと勉学の時間です。この時間の推移の中で、時間を利用し、時間を味わいながら養成に取り組むのです。

◉受ける養成と積極的に自分が取り組む養成

牧者・宣教者を育てる養成には二つの面があります。一つは養成の場である神学院側が規則あるいは約束事として神学生にその遵守を求め、神学生がそれに自分を合わせることで、自分を人間的にも霊的にも豊かにする部分と、二つ目は神学生自身が養成について考え、積極的に物事に取り組む自己養成です。この二つはどちらも重要であり、そのバランスも大切です。神学院が求めることを行うだけなら、養成は受動的になり形骸化します。一方、自己養成を強調し、自分で決めた養成の目的と内容を実行するだけなら教会や人々の求めに十分に応え得る司祭になることはできなくなります。養成が効果的になるためには、神学院から求められることより二つ余分に多くのことを実践し、なおかつ自由に積極的に養成に取り組むことです。司祭は他者より二つ多く損をすることを知る人です。

〔養成の四つの次元〕

1 人間的養成が基礎

カトリック司祭の養成は人間的、霊的、知的、宣教・司牧的の四つの次元からなされます。司祭養成の基礎は人間的養成です。適切な人間的養成がなければ、すべての司祭養成はその必要な基礎を欠くことになります。

司祭はイエス・キリストの姿を、今その場に具現する人です。逆から言えば、イエス・キリストはその司祭の人間性の内に現存し、その人間性を通して世に具体的に現れるのですから、司祭の人間性は、キリストを映し出せるほどに、くもりも汚れもなく、愛深い、そして柔和、謙遜であるべきです。

しかし人間はその人が生まれた時代、環境、社会状況、人間関係から影響を受けています。人間の社会は欲の力による所有と競争によって動いていますので、人の心はしばしば傷つき存在のバランスを失っています。自分を正しく肯定できず、心を他人に開くことをはばかります。あるいは逆に自分を優位に立て自慢しようとする面もあります。時には自分を正当化し、他人に対して攻撃的になることもあります。人は社会の中で生きる時、無意識のうちに「自分が」「自分で」「自分のために」という原則を立てています。

しかし司祭は「交わりの人」です。相手に聴き、ゆるし、あるいはゆるしを願い、受け入れ、愛し、力づけ、生かし支える人になることです。調和の取れた人間関係を構築する力を持つことです。

また共同体に対して責任を負える者であることです。物事の正確な認識と賢明な判断と決断、揺るがない実行力を持つことです。そのためにも情緒的安定は不可欠です。情緒的不安定はしばしば過去の希薄な、あるいはゆがんだ人間関係に起因するものです。情緒が不安定ならば堅固な自己肯定感は得られないし、主体性、自主性、自律性が弱くなり、依存的な人になってしまいます。

情緒的安定を得るためには、霊的同伴者から助言を得たり、セルフケアの力を身につけることは重要です。情緒的に安定すると自分を堅固に安定的に保てるので、神と人に対して全面的奉献ができるようになります。

司祭は人々にキリストを感じ取らせるほどにキリストの愛に生き、「互いに愛し合いなさい」というキリストの言葉を自らの模範によって人々に伝える人です。したがって司祭はつねにキリストと親しみ一致する習慣を身につける必要があります。

2 霊的養成

人間の心は超越的なもの、絶対的なものに開かれ、主において憩うまで落ち着くことのできないものですが、司祭はこの神への本性的な傾きを具体的に生き、その完成的姿を人々に示す存在です。従って神との親しみを強めるための霊的な養成は司祭にとって極めて重要な要素であり、この霊的な養成の十全化によって人間的養成は完成され、その他の養成もその根本的基盤を得ることになります。実際、霊的に豊かであるとき司祭は、恐れることなく喜んで宣教・司牧に身を呈するのです。

人にとって神への歩みは容易ではありません。「信仰は聞くことにより、しかも、キリストの言葉を聞くことによって始まる」といわれますが、神とのかかわりを深めるためには身近にいて教えてくれる霊的同伴者が必要です。人は神の神秘を十分に理解できると考えています。しかし自分一人で霊的な道を歩むとき、自分の視点に留まり、神の神秘についての理解がしばしば偏ってしまうのです。ですから神の神秘を正しく理解するために霊的同伴者の助言を得ることは極めて大切です。主の神秘の前に傲慢にならないためにも、司祭はその生涯を通して霊的同伴者を持つことは有意義です。

◉祈り

さて神学院における霊的養成は「神との対話」「神のことばの忠実な黙想」「教会の聖なる諸秘義への行動的参加」「小さな人々への愛の奉仕」によって深められていきます。

神との対話を「祈り」といいます。神は見えませんし、肌で感じることもありませんが、神との対話は人格的になされます。眼前にいる人に具体的に話しかけるかのようになされるのです。それは実在しないけれど、あたかも実在するかのように思い込み「自分の都合のために造った神」に向けてなされる偽の対話ではありません。

祈りは「生かされている」という実感から湧き起こってくる実存的対話なのです。人は神を外に求めますが、神を外に見いだすことはできません。かつてアウグスチヌスは「古くして新しき美よ、遅かりしかな、御身を愛することの余りに遅かりし。御身は内にありしにわれ外にあり、むなしく御身を外に追い求めたり」と言いました。（『告白』第十巻第二十七章－世界の名著16　中公バックス一九九六年山田晶訳）アウグチヌスは神を外に求めましたが、そこに神を見いだすことはできませんでした。しかしアウグスチヌスはついに神がずっと共に歩んでくださっていたことに気づいたのです。わたしたちも心の内奥に神を求めるべきです。

司祭は自分を生かしてくださる神を心に感じながら祈ります。沈黙のうちに自分の心の内奥を見つめ、自分の存在といのちに力を与え支えてくださる方を感じ取るのです。神のことばを聴き、味わい、わたしと共にてくださる主を心の内奥に感じとるのです。みことばをいただきながら、自分の深い呼吸を通して自分の命を感じ、自分の限界を自覚し、自分を今生かし支えている自分を超えた力、わたしに語りかける霊なる力を感じ対話するのです。この対話が祈りです。もし自分の内奥を見つめることがないなら、祈りは深まりませんし形骸化します。形骸化した祈りにはいのちも力も感じられません。神との出会いの味わいが祈りからほとばしり出るのです。

◉秘跡の恵み

わたしたちは肉体と共にある存在ですから、主の現存を見える形で確認し安心します。諸秘跡は神の恵みを見える形で感じ取らせてくれます。特に聖体の秘跡とゆるしの秘跡はわたしたちにキリストによる救いのわざと愛とゆるしを体験させます。イエス・キリストの二千年前の贖いのわざとゆるしの行いを今ここで新たに体験できるのです。司祭にとってまず聖体の秘跡は、司祭のアイデンティティそのものです。聖体の秘跡はキリストの命がけのわざですので、司祭たちは今、ここで行うミサに全身全霊を込め、典礼の言葉を大切に唱えます。

またキリストの愛とゆるしに完全に生きることができるように、「ゆるしの秘跡」も大切にします。司祭たちの柔和、謙遜、誠実、心の開きのはかりとなるものは「ゆるしの秘跡」です。司祭がゆるしの秘跡から遠ざかると謙遜さを失い、鎧《よろい》を着て自分を守るようになります。他者への心の開きが困難になり霊的な力は急激に失われます。聖体へ向く心も希薄になり、司祭の霊性は形骸化《けいがいか》していきます。イエスによる救いのわざとの関連のなかでなされる種々の信心、たとえば聖母マリアへの信心、聖体礼拝、イエスの御心への信心などは、神による救いを理解し、キリストとの親しみを深めるためにとても有効です。

霊的生活を通して神から得られる恵みは抽象的なものではなく具体的なものです。「恵み」は理解に留まるものではなく、力となって感じ取られるものです。この恵みは愛の実践という行為によって他の人々に具体的に広がっていくものです。司祭は出会うすべての人にこの恵みを感じとらせ、神との出会いに導くのです。

◉従順、清貧、独身についての養成

司祭は神と人々に仕える人です。どんなときにも神と人に聴き従う人です。自分を相手に合わせ、素直に相手に聴き、相手を活かす人であるとき、司祭はキリストの従順に参与できます。

神と人に聴き従い、主の御旨に自分を合わせ、人々が必要としていることに応えうるためには、身軽になることです。すなわち種々の物事に固執、執着せず手放し清貧に生きることです。

自分を貧しくして神と人に奉仕することは容易ではありません。絶対的覚悟が必要です。それ故に司祭は独身を誓い、徹底的自己放棄と全面的自己奉献に生きる決意を表明します。このように自分自身を愛のささげものにするという福音的愛を背景にした従順、清貧、独身についての霊的な養成は司祭をこの上なくキリストに近づけるのです。

3 知的養成

現代は宗教に対する関心が薄れ、客観的で普遍的な真理への願望も希薄化し、そして科学技術の進歩によって新しい問題が出てきています。まさにこのような状況にあって司祭たちは、変わることのないキリストの福音を告げ知らせることができるように、質の高い知的養成が求められます。また教会内外で際立っている多元主義的現象の中で、何が真実で、人を真の幸せに導くかを批判的に識別する能力も求められます。

神学院での学びは、司祭への召命の道を歩もうとする神学生の信仰を強め、神のことばを受け入れて霊的生活を深めさせます。また人間性を失わせる現代の諸問題に応え、将来、担う宣教・司牧の役務をよりよく果たすことができるように準備するためのものです。ですからそこで学ぶことすべてが、直接にあるいは間接的に、神の働きと恵みに関連づけられます。つまり知的養成のすべては司祭の霊性に統合されるのです。神学生の日常の霊的生活から切り離された学び、あるいは霊的生活を軽視する学びはあり得ません。

神学院での講義はキリスト教的人間観、世界観、生命観、社会観に基づいていています。神とのかかわりを深め、そこから生きる力を汲めるようになるための知識の獲得と学ぶ力の修得が知的養成の主要な視点となっています。

神学院での知的養成は哲学課程が二年、神学課程が四年です。この間に、司祭が二十一世紀の教会で牧者・宣教者としての職務を果たすために必要と思われる哲学、神学に関する知識を獲得します。将来、司祭として人々を愛と正義、真の喜びに導くために、人間の存在の意味、自由について、人間と世界の関係や人間と神との関係について、深い理解と洞察力を習得します。

また聖書に書かれた神のことばを学び、それが教会の生きた伝統の中でたえず研究され、称えられてきたことを確認し、またそれがキリスト者の生活を生かしていることを観想します。そしてキリスト教の信仰と精神を深く理解し、それに生き、伝えることができるように教理、倫理、典礼、霊性、教会法、司牧神学などの学びを深めるのです。そこでの学びには、現代人が置かれている状況を理解するために、キリスト教の信仰と生き方に相反する文化的要素への学びも含まれています。現代の教会は時代の複雑さに立ち向かっていくことのできる宣教者・司牧者を必要としています。人間の力では解決ができないさまざまな問題に対して、イエス・キリストの福音の中にその解決の糸口があることを確信し、その問題を曖昧にすることなく向き合い、取り組んでいくことのできる司祭が求められているのです。

4 宣教・司牧的養成

神学院でのすべての養成は宣教・司牧の実践に向けられています。福音宣教の現場では多様な人々がキリストの助けを必要としています。司祭は自分の力だけでキリストを教え示すことはできません。御父の霊、キリストの霊、聖霊の働きによって宣教・司牧はなされます。司祭はその三位一体の霊の助けによって、牧者キリストと同じ感受性をもって行動するのです。

神学生時代になされる宣教・司牧的養成は、単なる宣教・司牧の技量の獲得、あるいは見習い研修ではありません。それは具体的手ほどきの期間であり、牧者、宣教者としての感受性を養うためです。自分に委ねられた任務・役務を、責任をもって引き受けることができるためです。宣教・司牧の実践から出てくる神学的問題を見極め、解決方法を探すことに慣れるためです。現代社会の中で、人々はどのような生活を営み、どのような価値観に生き、教会に何を求めているのかを知るためです。人々の望みに応えるには何が必要なのかを考えるためです。人々の信仰のあり方やその度合いを実感するためです。

教会は今「新しい福音宣教」を推進しています。「新しい情熱」「新しい方法」「新しい表現」です。これは二十一世紀以降、教会が世界の中でその使命を果たすために不可欠な視点です。この新しい流れを神学生は神学院で、そして現場で学び体得していきます。

また司牧的養成を通して、神学生は教会の本質が「神秘」「交わり」「使命」であることを感じ取ることができます。教会は「神秘」です。すなわち神のわざ、聖霊の実り、恩恵の効果的しるし、三位一体の神が現存するキリスト者の共同体です。神学生は教会が神から力を汲むことによってのみ存在することを確認するのです。また教会が「交わり」であるという認識は、神学生に神と人の交わりに基礎を置く教会共同体の精神をはぐくみます。そして信徒と共に協力して働く心を準備させます。

さらに教会を「宣教の使命」のための「交わり」として認識するとき、神学生は「宣教すること」を愛し、物事を宣教的視点から見るようになります。

四✝召命の完成をみんなで目指して

天の父は悪人にも善人にも太陽を昇らせ、正しい者にも正しくない者にも雨を降らせて、すべての人を同じように愛されます。しかしあふれるほどの恵みを受けていても、実を結ばない木もあります。

金持ちの青年のように、すべてを捨てることができないために、その招きに応え得ない人がいます。また主に招かれていても自分のいのちに危機的状況が生じると、ペトロのように「知らない」と主を拒絶する人もいます。

そして主の神秘について十分に教えてもらっていても、この実証主義社会の中にあって、主キリストの教えがあまりに非現実的、超越的であるがゆえに、かつてのトマスのように主の神秘を信じ得ない人もいます。

イエスのもとに連れていく人があれば、イエスに近づくことを妨げる人がいます。このように考えると主の招きに応えるには、自分また他者の中に乗り越えなければならない種々の妨げがあることが分かります。

〔「生きている」「いかされる」「つながる」を生きる〕

現代は特に科学主義、実証主義、有用主義などの影響のもとにある時代です。そういう中で人々は、主体性と自律性、そして自由性を重んじ、今ここに生きているわたし自身を大切にします。何事をなすにも、「自分が」「自分の力で」「自分のために」物事を選び決定し実行するのです。他者の助けに頼るのではなく、自分の力で道を切り開き生きようとするのです。このような人にとって、神は無意味で不要であるばかりではなく、自由に生きることの妨げです。そして神という概念は、弱者が今の困苦欠乏を乗り越える助け手として措定した妄想的存在以外の何ものではありません。

こういう時代にあって神を知り、神への信仰を強め、神の御心を具体化するために神と人への奉仕に身をささげることは、今の時代の価値観に生きる人々とは反対の動きです。しかし今ここに生きるわたしの力のみを重視する生き方は、欲と所有、競争の世界にあって行き詰まり自己矛盾に陥ります。自分の望みは他者の望みと向き合い、上下、優劣、主従、差別関係に生きることになります。容易に孤立、孤独に陥り生きる力を失います。自己中心となり人間性を失います。

人間が人間らしさを保ち、お互いを思いやり支え合いながら力強く進歩していくためには、人間の存在の根源に立ち返り、その根源からわき出る力によって生きることです。人間の存在の根源に目を向けるためには、まず生きている現実をしっかり認識することです。人は同じく生きていますが、種々さまざまな生き方をしています。時代、場所、仕事、身分、地位、年齢、健康状態、人間関係、置かれている状況・環境、豊かさ、貧しさ、収入、趣味、癖、能力、抱えている問題など人それぞれです。生きる現実をしっかり見つめる時、自分一人の力で生きているのではなく、協働しながらも、認められ受け入れられながら生きていることが分かります。

人は「生かされて生きるものである」ことが分かります。その時、人は自分が自分の存在の原因になれず、すべてが頂きものの中にあることを自覚できるのです。その時、口から出てくる言葉は「ありがとう」です。そして生きるとは「つながり」から力を受けることに他ならないと自覚するのです。人のいのちは三つの原理、すなわち「生きている」「いかされる」「つながる」ことによって具体的に現れ、支えられ、保たれているのです。人にいのちを与え、生かす根源は「神」です。神はわたしが今、ここに生きる限りわたしを生かす存在であり、わたしはその神と今つながって生きているのです。

〈召命を実らせる三つの力〉

①神の恵み＝キリストの選びと助け

今、わたしを支え生かす神・キリストの招きに応え、その招きを実らせるためには、三つの力が必要です。それは、まず神からの恵みです。神からの恵みとはキリストによる選びと助けです。神はすべての人に恵みを与えますが、さらにその中からキリストの使命を継続する人たちを選ばれます。キリストは父である神から受けた使命を弟子たちに継続させようとします。そして日常の中にいた人に「わたしについてきなさい」と声をかけ、弟子として呼び出されたのです。イエスは言われます。「あなたがたがわたしを選んだのではない。わたしがあなたがたを選んだ。」（ヨハネ15・16）イエスの使命を継続する人が時代と場所を越えて、今も呼び出され続けています。

主イエスはその使命を引き継ぐ人たちに「わたしは世の終わりまで、いつもあなたがたと共にいる」（マタイ28・20）と約束されました。また迫害にあっても「言うべきことは、聖霊がそのときに教えてくださる」（ルカ12・12）と言われ、力づけてくださいます。このように召命の実りのためにはまず主イエスからの恵み、すなわち「選び出し」と「共にいて助けてくださる」イエスの力が必要なのです。

②教会共同体の祈りと支え

また、召命が実るためには周りの人々の協力が必要です。キリストは弟子たちに求められます。「収穫は多いが、働き手が少ない。だから、収穫のために働き手を送ってくださるように、収穫の主に願いなさい。」（マタイ9・37－38）キリストの招きに応え、神と人への奉仕に生きるために自分をささげる人は多くの人の祈りを必要としています。召命の道を歩む人には多くの向き合うべき試練があり、その中で何度もその道を見失いそうになることがあります。その時、多くの人の支えと励ましによって、その道が照らされ、進むべき方向が明らかとなり、確信を取り戻して歩めるのです。人々の「祈り」がなければ召命は実りません。

どの教区においても神学生、志願者のため、また司祭、修道者のために祈る人たちがいるでしょう。わたしが属する教区にも「ともしび会」というグループがあります。メンバーは定期的に集まり、司祭、修道者、神学生、志願者のために祈りと犠牲をささげてくださっています。神学院が休暇となり、教区に帰るたびに特にこのグループが大歓迎してくださいました。また認定や選任、叙階の時には、それらの式に参列し祈ってくださいました。召命の道は時には灰色の孤独の歩みのように感じることもありました。しかしいつも「ともしび会」のメンバーが身近で、熱心な祈りと犠牲を献げてくださっていることを知っていましたので、その存在と祈りが召命の危機をすり抜ける力と支えになりました。召命の道を歩んでいる人は、常に祈ってくれる人を必要としているのです。

人々の祈りは人々の熱望の表れです。「主の御旨が実現するために、人々の魂の救いのために奉仕する人が欲しい」「わたしが闇から解放され、光の道を歩めるように、教示してくださる人が欲しい」という具体的願望が祈りになります。このような強い願望があるところに、召命は芽生えます。人々の霊的な必要性に応えるのが司祭です。もし人々がそれを具体的に司祭に求めないなら、司祭の存在の意味は明らかにならないのです。したがって、もし司祭の召命が活気づくことを望むなら、司祭に対して霊的次元での奉仕を具体的に求めることです。多くの霊的収穫が予想されるところに働き手が必要となり、多くの働き手が生まれるでしょう。司祭に対して霊的次元での具体的奉仕を求めれば求めるほど、司祭職への関心は高まるのです。

③招きに応えようとする強い意欲

さらに召命の実りのためには、招かれている人の内に、主の招きに積極的に応えようとする強い意志が不可欠です。神の恵みがあっても、周囲の人が祈り熱望しても、召命を受けている当人が、それに応えようとする意欲がないなら召命の実りはありません。

司祭養成の場での生活は慣れてしまうと、新しく体得するものがなくなり、単調な生活となります。養成のための時や場（空間）、種々のかかわりのあり方やかかわる相手、個別的な経験などは限られています。そのために「新しさ」を感じなくなるのです。

また神は見えないし、感じませんから、「神のあわれみ」「神がくださる恵み」「神からのゆるし」などという言葉は空を切ります。頭で理解し、口で述べるのですが味わいや実感がないのです。こうなりますと召命に応える意欲は希薄化し失われるのです。形だけで召命の道を歩むのですが心はそこには不在なのです。

しかし実は、これは召命の道を歩む上で、とても重要で必要不可欠な霊的な砂漠の経験なのです。この霊的砂漠の内奥に人をいきいき生かす力が流れています。人は生きていますし、生かされています。

この生かされる現実を静かな祈りの中で内省し、それに心を向ける時、この単調な味気無い砂漠の生活の奥底から今を生きる力を汲めるようになり、生活が一変します。一つひとつの生活が意味あるもの、味のあるものに変わります。今まで意味が見いだせず、退屈で受動的にしか行っていなかった単調な生活が、生かす力となってわたしに実感されるようになります。これまで何気なく行ってきた、繰り返し祈ること、学ぶこと、食すること、作業や奉仕、人とのかかわりなどのすべてに、霊的な味わいが出てくるのです。この時初めて、主の招きを客観的に識別し、自分にふさわしい召命の道を選び取る意欲が生まれるのです。

イエス・キリストについて行くことは容易ではありません。イエスは言われます。「わたしについて来たい者は、自分を捨て、自分の十字架を背負って、わたしに従いなさい。」また言われます。「このわたしが飲む杯を飲み、このわたしが受ける洗礼を受けることができるか」と。

キリストに従うことは「命がけ」なのです。人はだれでも十字架を避けたいものです。しかし日々用意されている十字架こそ、その人のおごりを少しずつ打ち砕き、素直で謙遜な人に変える力なのです。主に信頼して聴くための力を育《はぐく》み、主のふさわしい道具となるための力なのです。日々の小さな十字架から逃げることなく、むしろ喜んで担い続けるとき、いつしか大きな十字架を担えるほどの力が育まれています。このようなことが分かると毎日の生活が刺激的となり、主の招きに応えたいという意欲が湧いてくるのです。

司祭への召命が実るためには、以上の三つのこと、すなわち「神からの恵み」と「教会共同体の支え」そして「本人の応答・意欲」の三つが不可欠です。その一つでも欠けるなら、司祭召命の道は困難になり遂には閉ざされてしまいます。

〈養成の継続と完成〉

司祭に叙階されると司祭として聖なる役務を果たす人になります。叙階されたばかりの人は純粋で謙虚です。たぶんこの時期が、その司祭としての生涯の中で霊的に一番高い状態にあるのではないでしょうか。それは司祭職を前に「命がけ」の覚悟をしますし、理想を最高に追求します。祈りが充実していて、他に聴く心の柔軟さがあります。神と人に奉仕する意気込みがあるからです。

ですが、宣教・司牧の現場に入ると、しばしば多忙となりストレスも強くなります。活動時間が増え、祈りの時間、学びの時間が取れなくなります。人々が難しい問題をひっきりなしに持ち込むので、司祭の心も傷つけられ力が萎えていきます。

他方、宣教・司牧にもなれ、教会にいても訪ねてくる人もおらず、別段することもない場合には、時間をもてあまし孤独で退屈な日々となります。このように極端に多忙なあるいは閑暇状況の中で、司祭はストレスに押しつぶされ、張り合いを失い、気が緩むためにこの世の欲と所有の流れに引きずり込まれていきます。無気力あるいは疲れのために霊的状態を高く維持することが難しくなり、司祭としての雰囲気（らしさ）が感じられなくなります。聴くことができず、保身的となり一方的に自分の考えを主張し実行していくようになることもあります。

また教会の基本的教えは変わらないとしても、教会は新しい問題に対応するために、強調の視点を変えることがありますが、長い間、司祭職を果たしている間に、それに気づかずにいたり、あるいは若い司祭との間に宣教・司牧に関して考えの違いが生じたりします。

司祭にとって司祭叙階が最終到達点ではありません。真の司祭への歩みはそこから始まります。イエスは弟子たちに「あなたがたの天の父が完全であられるように、あなたがたも完全な者となりなさい」言われました。司祭は神の御心をこの世界に具体化する奉仕者ですから、神の完全性に近づくことは司祭にとって本質的なことなのです。

司祭の歩みは、自分に委ねられた役務を誠実にたゆむことなく遂行することで成熟した人間になり、キリストの満ちあふれる豊かさになるまで成長し、聖性に至るまで進むのです。

この司祭としての成長は、その生涯を通して不断に遂行されるべきです。司祭のアイデンティティは司祭職を目指すための初期養成、ひいては司祭の全生涯にわたって継続される生涯養成を通して形成されるのです。この生涯にわたる養成を怠ると、キリストを映し出す鏡はくもり始め、キリストを鮮明に示し、感じ取らせることができなくなります。司祭たちは生涯、身を引き締め目を覚ましている必要があります。敵である悪魔が、ほえたける獅子《しし》のように、食い尽くそうと探し回っているからです。

定期的に「生涯養成」を受けることで、司祭としての心をいつまでも新しく、柔和、謙遜に保たせ、キリストの心に生きるものとなります。養成を受けることは、司祭としての魂の刷新であり適正化です。人々は常に新しさに生きる司祭、つまり聖霊によって刷新されている司祭を必要としているのです。

かつて夜の十二時近く、消灯され聖体ランプのみがついている真っ暗な聖堂で、ひざまずき背を丸めて祈っていた一人の高齢の養成者の姿が、今もわたしのまぶたに焼きついています。彼はあるときわたしに言いました。「わたしは今も養成を必要とする小さな司祭です。神の計り知れない恵みを感じ続けていたいのです。」その姿と言葉が今のわたしの力となっています。

2章　奉献生活について

菅原裕二

はじめに——イエスに従えなかった青年

マタイ福音書（19章）によく知られた「金持ちの青年」の物語があります。一人の若者がイエスに永遠の命について訊《たず》ねるエピソードです。ルカ福音書では「金持ちの議員」と書かれていますから、この人は若くて金持ちで議員だったのでしょう。きっと人望のある家で育ち、頭もよく、前途有望な若者、その町でよく知られた人物だったと思います。イエスにつき従っていた弟子の多くは漁師あるいは徴税人でした。イエス自身は大工です。弟子の中に社会的な指導者がいたら素晴らしいことだったでしょう。イエスはこの青年を弟子にしたかったかもしれません。しかし、イエスがしたたった一つの勧めで、青年はその場を立ち去ることになってしまうのでした。

マルコ福音書によると若者はイエスに走り寄って訊《たず》ねたとあるので、宗教的に熱心な人だったことを窺《うかが》い知ることができます。人望のある人がイエスの前にひざまずいたことでも誠実さが伝わってくるように思います。そしてした質問は立派でした。「永遠の命を得るには、どんな善いことをすればよいのでしょうか」。しかし、イエスの答えは単純で、掟を守りなさいというものでした。「殺すな、姦淫《かんいん》するな、盗むな、偽証するな、父母を敬え」という掟をあなたは知っているはずだ、と。これはモーセの十戒（出エジプト記20章）の後半部分です。当時、ユダヤのだれもが知っているものでした。命に至る道はすでに示されているというのです。若者は、そうしたことは子どものときからみな守っていますと答えます。これもきっと嘘《うそ》のない答えだったことでしょう。彼は熱心な青年、まじめな青年です。イエスに質問したのは、律法を守っているだけでは得ることができない心の満足、もっと真から愛を生きたいという望みからだったのでしょうか。

イエスは青年に一つのことを勧めます。「もし完全になりたいのなら、行って持っている物を売り払い、貧しい人々に施しなさい。それからわたしに従いなさい。」青年はこの言葉に悲しみながら立ち去ってしまいます。たくさんの財産を持っていたからです。イエスが求めたのはたった一つのことでした。しかし徹底して手放すことを求めます。イエスは、完全になりたいと思っているこの青年の一番痛いところを突きます。それは、青年にとって財産があることがイエスについていく妨げになり得るからでした。今、帰って、持っているものを貧しい人に与えなさい。善いものであっても、自分の手に取り戻すことができないところに置きなさい。それはイエスに従っていくためです。

エピソードにあるイエスの言葉の一つ目は律法の中心的な教えです。モーセに与えられた十戒は旧約聖書の真髄、救いに至る道を示すものでした。他方、もし完全になりたいならで始まる部分は勧めです。財産を手放すこと自体に主眼が置かれているのではなく、招きの内容はイエスに従っていくことです。物語の中心にあるのは「わたしに従ってきなさい」というイエスの言葉で、一つ目が旧約聖書の頂点である教えなので、二つ目のイエスに従っていくことは新約聖書の頂点に位置するメッセージなのだと思います。美しい招きですが、しかし、こうした生き方が楽であるとか、苦しみがないとか、偉くなれるという約束であるとは書いてありません。

この物語は、以前、しばしば修道者の清貧の誓願を説明するものとして用いられました。その意義を否定するつもりはありませんが、引用されるときに、どちらかというと修道者がすべての財物を放棄するという禁欲や修徳に重点が置かれることが多かったと思います。しかし、福音書のメッセージの中心はイエスの弟子になることです。同時に、財産をすべて手放すことはイエスがすべての弟子に求めたものではありません。永遠の命に至るための掟に留まらない、完全な生き方のための勧めには、掟とは少し違う意味合いがあるようです。

〈イエスに従う生活〉

貞潔で貧しく、父である神への従順は、イエスが地上で実践し、弟子たちにも勧めた生き方、神の国を告げるために選んだ生き方でした。ですから福音書に登場する勧めは、単に何かを手放すとか、ある行いを禁じることを主眼とするものではなく、イエスのように愛に徹して生きるための手立てとして選ばれるものです。キリストにより近くから従い、キリストの姿により徹底的に与《あずか》ろうと努力する人は、教会の初期の時代から存在しました。ある人は独身生活を送り、ある人は質素で厳しい生活形態を選びました。

◉三世紀から始まった奉献生活の原型

奉献生活の原型となる隠遁生活は、ローマ帝国内の迫害が終わりに近づいた三世紀に遡ります。人里離れた地（特にナイル川流域でした）において孤独と沈黙、祈りと苦行に励んで、福音を徹底して生きようとする生活は、次第に貞潔、清貧、従順の福音的勧告を守ることを誓い、共同生活を送る形に発展していきました。このような人々の生き方や身分に、教会の指導者は配慮を示すようになり、修道院に特別の権利を認めたり、修道者に他の信者には求められない義務を課したりしました。

ただ、キリスト者はすべて洗礼によって神に自分自身をささげるのですから、教会における聖性やイエスの特別の弟子であることは奉献生活を送る人々の特権でも独占物でもありません。誓願を立てれば優れた弟子になることができるという保証があるわけでもありませんし、福音的勧告を守るためには必ず誓願という形を取らなければならないということでもありません。

◉「修道生活への召し出し」

すべての信者は洗礼によって愛を生きる生活へと招かれていますが、ある人々はさらに徹底してイエスに倣う生き方へと神である父に招かれることがあります。「修道生活への召し出し」と表現されます。神がある人を呼び、聖別し、派遣するとき、その召命に応える恵みも神から与えられる必要があります。愛の模範を生きるためには、純潔で貧しく、御父の計画を探し求め続けたイエスの姿を非力な人間が倣うことができる恵みが必要です。信仰を深く生きる召命や使命は、神から与えられる賜物が土台にあるのですが、神の招きに徹底して答えようとするとき、恵みを保つために神に誓いを立てるという形を取ることがあるのです。

奉献生活を送る人々を特徴づけるものは貞潔や独身、清貧や従順の勧めを自由に受け入れ、それを特別の方法で表現することです。それは誓願あるいは他の聖なる絆、たとえば誓約、誓い、約束などの形を通して行われ、これによって福音書に表されている勧告が単なる勧めではなく、「生活する上での掟」としてその人に課されることになります。

誓願とは、実践可能な善いことについて、信仰を持つ者が熟慮の末、自由に神に対してする約束のことです。不可能なことは誓願の対象にはなりませんし、人間の知性や心をきちんと用いて決断しなければ誓願は成立しません。誓願は秘跡ではありませんが、誓願を立てることは人間のすべてを要求するような招きです。しかし、人間の望みや決心だけで守り続けることのできる約束でもありません。必ず神の招きが先にあります。

◉必ず何かを手放して従うイエスの道

金持ちの青年のエピソードでも、イエスは財産が悪いものだから手放せと言っているのではありません。財産は価値があるものであり、まさに貧しい人には必要なものだから施しなさいと言われています。わたしたちの持っている財産も資質も能力も善いものです。しかし、誓いを伴う生活への召し出しには必ず何かを手放すことが求められます。何を手放すのが痛いのかは人によって異なるでしょうが、いずれにしてもイエスに従っていくことが目的です。

立ち去る青年を見て、金持ちが天の国に入ることは何と難しいことであろうかとイエスが嘆きます。財産があるためにイエスについて行くことができないのだと言います。お金だけではありません。地位や名声あるいは人間関係や学問の才能もそれに当たると思います。やりがいのある仕事をしている人が職場から離れるのもことのほか辛《つら》いことでしょう。しかし、持っている物を手放すことができないとき、徹底してイエスについて行くことができなくなってしまうのです。

◉生涯にわたる誓い

誓いへの招きの主導権を取られるのは神ご自身です。イエスの愛は、優しいけれども弱々しいものではありません。強い愛、相手を今とは異なる価値観の世界へと引き出す愛です。誓いを通していっそう完全に神にささげられる生活を送ることには、当然、何らかの徹底的な放棄が要求されます。しかし、それは神の愛に応えるのを妨げる障害を取り除いて、より自由になることを目指すものです。神の愛に自分をあますところなくささげ、神自身のものとなるという意義が中心にあります。

この誓いによる生き方は、生涯にわたる継続的なものです。誓願によって奉献生活に入るのですが、神に生命をささげる歩みは生涯をかけて深められていくものです。それは神の恵みに支えられて、神だけが絶対であることを生涯を通して表現することを求める信仰の行為です。

一†イエスにより近くから従う人々

「奉献生活」という言葉が教会の公文書に初めて登場するのは、第二バチカン公会議の「修道生活の刷新・適応に関する教令」（一九六五年）で、その前年の「教会憲章」の神学的な考察が背景にありました。キリスト者はすべて洗礼によって神にささげられるのですが、教会には初めから神への奉仕に専念したいと望む人がいました。使徒の時代から人々に奉仕するやもめ（Ⅰテモ5・9〜10参照）がおり、三世紀以降、荒れ野で隠遁《いんとん》生活を送る人々が存在して、修道生活の原型となりました。現代の奉献生活を特徴づけるのは、神に人間のすべてをささげるために、貞潔、清貧、従順の福音的勧告に従うことを約束することです。

◉個人として公に奉献生活をする人々

個人として奉献生活を送る者と公に認められているのは、隠修者と処女《おとめ》です。隠修者は三つの福音的勧告を守ることを教区司教の前で公に表明し、その指導のもとにこの世からの厳しい離脱、孤独と沈黙、絶え間ない祈りと償いのわざを果たす誓いを立てます。この条件が守られるならば荒れ野に退く必要はありません。処女の身分も教会の初めから存在し、近代までヨーロッパで集団生活の形で続いていましたが、第二バチカン公会議で正式に復活が認められました。キリストにいっそう近く従う聖なる望みを教区司教の前で表明し、承認された典礼に従って奉献されてキリストの神秘的な花嫁となり、教会の奉仕に従事することが条件です。共に司教の手を通して正式に奉献されることが必要で、日本にはまだ例がないようです。

◉集団で奉献生活をする修道生活

集団で奉献生活を生きる形態で代表的なのは修道生活です。公的に認可された修道会において三つの福音的勧告を生きることを公に誓います。世界に約三千五百の会、男子の修道者が約二十万人、女子の修道者がおよそ七十万人（二〇一三年現在）おり、観想に専念し、沈黙と祈り、苦行をもって教会に奉仕する観想修道会と、さまざまの分野の活動に従事する活動修道会があります。

司祭としての活動を会の創立の目的と掲げる修道会は聖職者の会、それ以外は信徒の会と呼ばれ、さらにその混合型が存在します。修道者が立てる誓いは公的誓願（有期・終生）によることが求められますが、公的とは大勢の前で行うことではなく、その約束が教会の名において受け取られることを指します。ですから長上と二人だけで行っても公的誓願になります。

修道生活には兄弟的に生きる共同生活が求められ、ミサが行なわれ聖体が安置される礼拝堂を持つ修道院に住まなければならないと決められています。また、会の性質と目的に基づきながら世から離脱することを証しすることが求められますが、修道院に禁域があったり、修道服を着たりしているのは、この世のあり様から離れていることを目に見える形で表現するためです。長い伝統がある会の中には創立者の精神を会員以外の人々が生きられるようにと在世第三会を有するものもあります。

◉在俗会の会員

在俗会において奉献生活を送る人々は、社会の中で生活しながら愛の完成を目指し、特に世の内部からこの世界の聖化に貢献しようと努める人々です。修道者が何らかの形で世から離れることを求められるのに対して、在俗会の会員は世にあること、信徒や聖職者の通常の生活を通して社会の福音化を目指し、あたかも酵母のように世の内部から働くことを目指します。在俗会の法的な承認は一九四七年で、福音的勧告の宣立は誓願以外に誓約などの他の聖なる絆によることも可能です。単独あるいはそれぞれの家庭において生活することも、共同体を作って共に生活することも可能です。世界に約二百の会、約二万五千人（二〇一三年現在）の会員がおり、日本にもいくつかの会があって活動をしています。

神にささげられた生活を送るこの四種類の個人（隠修者・おとめ）と集団（修道会・在俗会）の総体を指すものとして考え出されたのが「奉献生活」という用語でした。東方カトリック教会法典（一九九〇年公布）は寡婦（やもめ）の身分もこれに含め、教皇ヨハネ・パウロ二世は使徒的勧告「奉献生活」（一九九六年）で男性のやもめの奉献にも言及しています。

◉使徒的生活の会（宣教会）の会員

奉献生活の会に類似するものとして、宣教や教育など特定の使徒的活動を目的として集まり、共同生活を送る「使徒的生活の会」があり、日本では主に宣教会の会員がこれに当たります。福音的勧告を守ることを誓うかどうかは会の創立の精神に従います。

奉献生活の会の承認は、その会が受けている恵みが本物であることを識別する各地の司教に委ねられていますが、新しいタイプの奉献生活を認可することは使徒座にだけ留保されています。

現在、日本には約八百九十一名の修道会・宣教会の司祭、約百八十五人のブラザー、五千二百十六人のシスター、二百十七人の在俗会の会員がいます（二〇一四年現在）。キリスト者の割合が国民の一パーセントにも満たない教会ですが、信者数にみる奉献生活を送る人々の割合は、おそらく世界でも一番高い方であると言えるでしょう。

〈教会の中で生きる奉献生活〉

誓いを通して自らをささげる生活の基礎にあるのはキリストの教えと模範です。キリストは父から派遣され、父に生涯をささげた方でした。聖霊を注がれて使命を受け取ったイエスは、徹底して自分を父の計画のために明け渡していきます。奉献生活は、このキリストに従うことであり、奉献生活の第一の使命、そして最終的な存在理由は教会の花婿、師、救い主であるキリストとその福音に忠実に生きることです。それは神の賜物《たまもの》として教会に与えられています。

誓いに基づく生活は、奉献生活を送る個人の救いのためだけにあるのではなく、教会全体への贈り物です。ですから、賜物を受けて誓いを立てた人は、その恵みを自分の気ままに扱うことはできません。一度始めたら勝手にやめることはできないのです。イエスを選び、イエスに仕えることは、イエスの唯一の関心事であった神の国とキリストの神秘体である教会とを選び、それに仕えることでもあります。現れ方はさまざまな形がありますが、教会の使命への奉仕を離れてこの人々の誓いも意味がありません。

◉教会の生命と聖性のための奉献生活

第二バチカン公会議は、奉献生活が教会の生命と聖性のために、交わりを生きる神の民（「教会憲章」２章）に与えられた賜物だと表現しました。教会の司牧者には神が与える恵みを守り、育てる務めがあり、会には創立の精神に忠実であることが求められます。

創立者を通して与えられる会の創立の精神（会のカリスマ）は、奉献生活を送る会員個人の信仰と愛の完成のために与えられると同時に、特別の使命を帯びて「キリストのからだ」全体の役に立つように整えられる必要があります。教会は、創立の精神が多様であることを神の賜物の豊かさとして認め、その多様性に忠実であることこそ重要であると教えています。会の創立の精神が多様であるのは、キリストの生き方にさまざまの側面があったからです。

◉会の独自性を生きさせる会憲

多様な賜物は、会の創立者の霊的な体験を著した会憲や会の伝統の中に保持、表現されます。会憲とは奉献生活の会の基本法のことで、個々の修道会が受けた恵みの独自性を表現する文書（本）です。通常、会の創立者が書き著し、精神的な要素だけでなく、会の統治、三誓願を守るために会員に課される規律、入会や会員の養成にかかわる規則を記載し、教皇あるいは司教の認可を得なければなりません。

伝統のある会では、何世紀も前に書かれた会憲を今でも使用し、必要な改正を加えながら創立者が書き残した精神を保つように努めています。それぞれの会に固有の性格は教会全体の善益のために与えられているので、奉献生活を送る人の霊的生活も、会として行なう使徒的活動も、全教会の善を目指すものでなければならず、司牧の責任者は会憲の承認を通して恵みが正しく表現されるように計らっています。

〈聖職者（司教・司祭・助祭）との相違〉

わたしたちは洗礼によって神の子になり、教会の一員になります。洗礼を受けた人は神の前で平等であり、それゆえ教会においても差別を設けないのですが、ある人々は洗礼の秘跡に加えて叙階の秘跡で聖職という役割を受け取ります。奉献生活を送る人は、聖職者のように「秘跡」によって区別されるのではなく、誓いという「準秘跡」を通して奉仕する信者のことで、その役割は教会が受けている恵みをよりよく表現することにあります。

叙階の秘跡による区別はキリスト自身が制定したもので、聖職者は特別の奉仕職に神から呼ばれ、使徒の任務を受け継いで秘跡を行い、公の礼拝において神のことばを告げ知らせ、司牧の世話をするという奉仕の任務と、それを実行する権限を委ねられます。

それに対して奉献生活を送る人は、聖職者と信徒の両方から神によって招かれ、特別の仕方で神にささげられて、教会の救いの使命に奉仕します。これはイエス

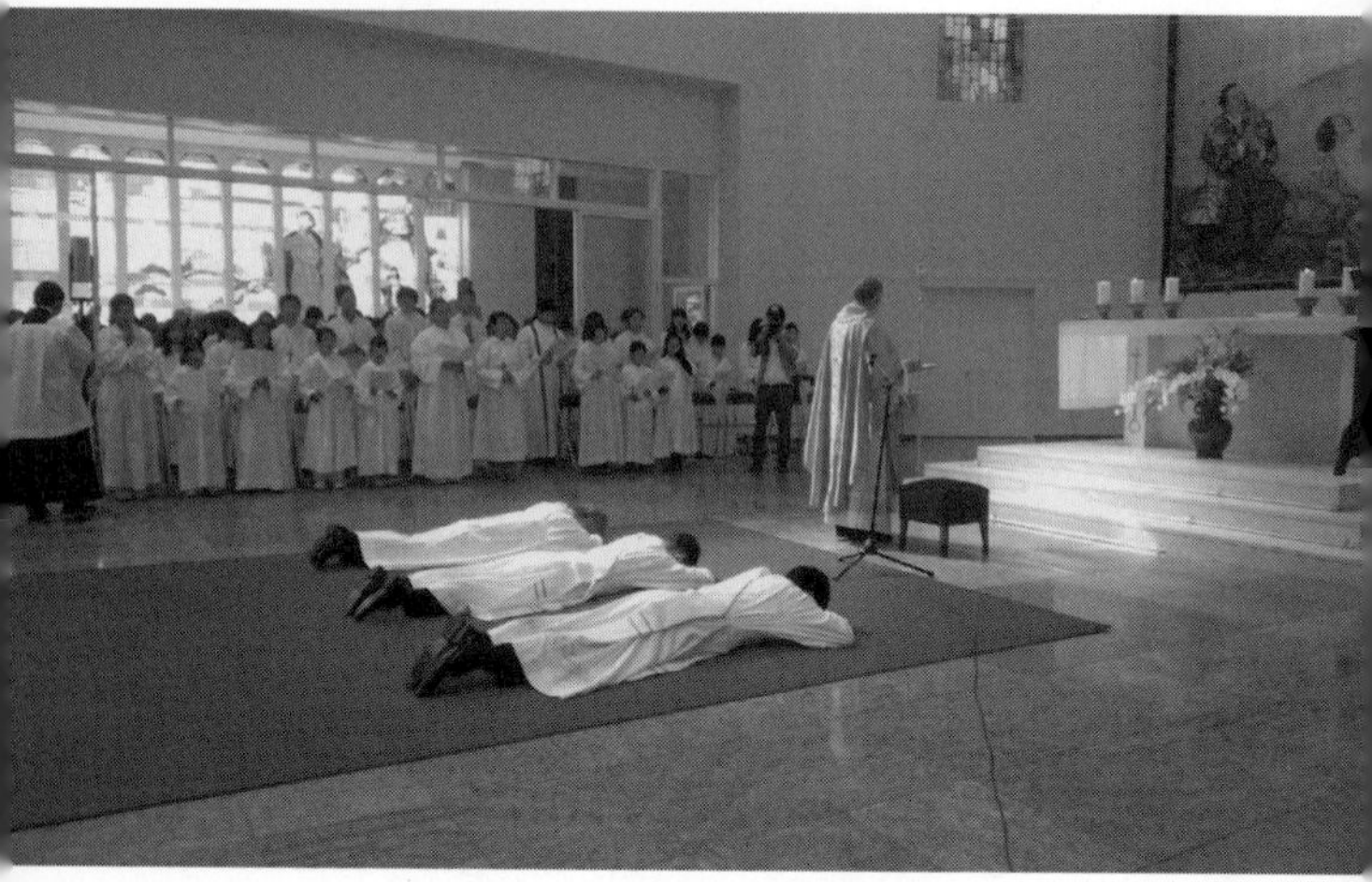

2015年　大阪教区での叙階式

自身が制定したものではありませんが、第二バチカン公会議は福音的勧告が「主のことばと模範に基づくもの」であり、「教会が自分の主から受け、主の恵みによって守ってきた神の賜物」（「教会憲章」43）であると語り、イエスの与えた勧めが神に起源を持つことを示しています。さらに「神がまいた種（福音的勧告）から芽生えた木（奉献生活）が主の畑において驚くべき多様な枝（個人と集団、隠世生活と共同生活）を実らせている」（同）と表現して、福音的勧告に基づく生活も人間の発意で作り出されたものでないことを示唆しています。

奉献生活は教会の聖職位階構造の一部分ではありませんが、教会の生命と聖性にかかわる（「教会憲章」44）ものであり、何かの活動を行うというよりも、教会の中で明白な「しるし」となる使命を委ねられている生き方だといえます。奉献生活を送る人は、信徒と聖職者という秘跡による区別を基準にすればそのどちらかに入るのですが、位階制ではなく、教会の聖性にかかわる役割を担うという別の基準で区別される人々です。

信徒と聖職者の中間の身分なのではなく、また特別に偉いのでも、信仰や愛が特別に深いのでもなく、神から招かれて新しい役割に全生涯をかけている、教会の歴史の中で育ってきた生き方といえるでしょう。

◉教区司祭と修道会の司祭との違い

修道者の中にも司祭がいますが、教区司祭と修道会の司祭の大きな違いは地域的な普遍性の差です。教区の司祭は一定の地域に教会を存在させることが最も大切な役割です。修道会の司祭は地域に限定されることなく、霊の招きに従ってどこでも必要な場所に赴く姿勢が特徴です。

教区の聖職者は一定の地域的な枠の中で活動します。東京教区の司祭ならば東京教区の外で活動することは例外的であるわけですが、修道会の司祭ならば外国に宣教者として出かけることも、修道院のある場所ならどこへでも移動して会の精神に基づく使徒職を果たすという機動性があります。十六世紀以降、活動修道会は基本的に宣教という使徒的活動を中心にして発展してきています。

二✝貞潔・清貧・従順の誓願と共同生活の中で

奉献生活を始めるには、正しい意向を持つカトリック信者であり、ふさわしい資質を備え、修練を始めるための障害がないことが条件です。さまざまな修道会があるので、会の霊性を体験しながら祈りや相談を重ねて識別し、会の責任者の判断で入会が許可されます。具体的には、三誓願を生きる、共同生活ができる、他者への奉仕に開かれているなどの資質が求められますが、近年の文書では共同生活を送るのが難しい若い志願者が多くなっていることが指摘されています。

〈修道会への入会〉

志願者を修練期に受け入れることは原則として総長か管区長の権限です。修練期を二年間と定めている会が多いのですが、教会の法律上は最短で十二カ月で初誓願を立てることができます。誓願を立てれば修道者と呼ばれることになるので、会特有の生活を営むことができる十分な健康、適性、成熟度を示す者だけに修練を始める許可を与えるよう注意することが必要です。

◉修練期に受け入れるための五原則

修練期を始めるための教会法上の障害がないとは、①十七歳以上であること、②結婚していないこと、③他の修道会や宣教会に入会していないこと、④騙《だま》されたり何かの強い恐れから入会を望んでいるのでないこと、⑤また過去に他の会で誓願を立てた事実を隠していないことの五つを指しています。

また、教区の聖職者に司教の意見を聞かずに入会を許可したり、返済できないほどの借金を抱えていて修道生活をこの世からの逃避の手段にしている人を修練院に受け入れることは禁じられています。

それぞれの会の法規は他の障害を定め、条件を設定することができますが、洗礼証明書にカトリック者であることや堅信や結婚についての記載がなされているので基礎的な情報は得られます。叙階の秘跡を受けたり、奉献・使徒的生活の会に入会していた人の場合には、それぞれの責任者（司教、管区長など）の在籍（退会）の事実を示す文書が必要とされます。

〈貞潔の誓願〉

貞潔の福音的勧告は、神がある特定の人にお与えになる、人の心を解放する恵み（「教会憲章」42）です。天の国のための貞潔（マタイ19・12）が、復活後にやってくる世のしるしとして教会にとって重要であり、自分のすべてをささげる人にとって神と隣人への奉仕の妨げになるのではなく、かえって豊かな霊的な実りをもたらす源となるので、独身と純潔（禁欲）は、奉献生活を送る人にとって必須の条件です。以前は心理的に守るのが簡単な順として「清貧－貞潔－従順」と三つの福音的勧告が提示されていたのですが、第二バチカン公会議以降、奉献生活に最も特徴的で重要な貞潔の誓願を第一に挙げる仕方で公文書は統一されています。

◉心を自由にして仕えるための貞潔

貞潔の誓願は、結婚しないことや禁欲的であることに中心があるのではありません。イエスは独身を貫いただけでなく、弟子たちを天の国のための独身生活に招きます。父母や兄弟など大切な人を失うことは弟子の条件の一つ（ルカ14・26参照）ですが、それはイエスにつき従って行くために求められる事柄です。聖パウロは、独身でいることは人の心を特別に自由にすると語りますが、それは主に仕えるためであるとはっきりと教えています（Ⅰコリ7・32〜35参照）。そのため、イエス自身の模範と教えを中心に貞潔の勧めを理解することが大切です。

貞潔の賜物は、たしかに人間の弱さによって傷つきやすいものです。修道会に入会する際には心理的に成熟していることが求められ、貞潔の恵みを守り、育てるための養成も必要です。修道者は貞潔を守るために、祈り、聖体やゆるしの秘跡を大切にし、慎みと節度のある生活を心掛け、メディアを用いる際には必要な分別をもって召命にとって危険であるものを避けなければなりません。

また、良識と賢明さをもって、他の人と少し距離があることが必要です。異性に対してだけでなく、同性や修友に対しても、人によりかかろうとする傾きが強くなることに注意します。貞潔にかかわる困難の原因が疲れ、人間関係の重さ、使徒職の焦りなどから生じているのであれば、行き過ぎないように助け合うことも大切でしょう。

貞潔は愛するための恵みです。外的な誘惑に対抗するだけでなく、開かれた心を持つ温かい人間だろうかという反省も修道者には必要です。霊的指導を受けたり、年配の会員の模範や忠告を大切にする努力にも意味があります。さらに、兄弟愛に満ちた共同生活は、貞潔を生きる大きな助けとなり、証しの力となります。聖職者も天の国のために完全で終生の貞潔を守ることは義務です。

しかし、聖職者の独身制は信徒の世話という奉仕職のために課されることに特徴があり、修道者が神にささげられたことを表す手段として選ぶ（観想生活のように具体的な活動と関連づけないで理解する）貞潔とは少し違いがあります。貞潔は現代世界の快楽主義に対して警鐘を鳴らす恵みです。性的な魅力が偶像化され、男性や女性がもののように扱われる傾向に対して、人間の弱さの中にも神の愛が花開くこと、多くの人が不可能と思っていることが神の恵みによって可能になることを示す証し（「奉献生活」88）が求められています。

〈清貧の誓願〉

清貧の福音的勧告は「富んでおられたのにわたしたちのために貧しくなられたキリスト」（Ⅱコリ8・9参照）に倣うもので、基本にあるのはこの世に生きたキリストの姿です。イエスは貧しく生まれ、エジプトに避難する生活を体験し、ナザレで長い間労働者として生活しました。公の宣教生活では特権を拒否し、貧しい人々に寄り添って神の愛を説き、貧しさの中に神の恵みが現れることを示しました。受難においてはすべてをはぎ取られて十字架につけられ、すべてを人間のために差し出して、貧しさを通して贖《あがな》いのわざを成就しました。

物をふんだんに消費する清貧の生活はあり得ないことですが、清貧の誓願は物を持たない（使わない）ことに中心があるのではなく、貧しさの中に神の恵みが現れる神秘を信じるという信仰者の選択です。

清貧の誓願を立てる人にはイエスの生活に倣って勤勉で、この世の富に執着しない（マタ6・21参照）、実際的にも霊的にも簡素な生活を送り、それぞれの修道会の規則に従って、財産を使うときと処分するときに長上の許可を得ることが求められます。

清貧の誓願を立てると個人的な所有物がいっさいなくなると考える人も多いのですが、法律の上ではやや複雑です。修道者が自分の働きあるいは会の関係で取得するものはすべて会に帰属するという古代の修道生活以来の伝統は残っており、現代ではさらに年金、保険金その他の仕方で修道者に支払われるものも会のものであるとはっきりと定められています。

誓願式・増田　健（クラレチアン宣教会）

皆さんは、神さまの前で何かを誓ったことがありますか？

僕はこの前の（2015年）４月27日に終生誓願を立てました。これは「クラレチアン会の宣教者として生涯を神さまにささげる」という誓いです。でも「人間は将来のことなんて見えないんだから、どうやってそんな誓いを神さまの前で立てられるんだろう。すごく大変なことなんじゃないか」と思う人もいるかもしれませんね。

でも終生誓願を立てるなかで自分でも驚いたのが、式の最中にとてもリラックスした気持ちだったこと、そして「すっごく楽しかった」ということでした。それはたぶん、「人生を神さまにささげるということは、自分のすべてを神さまにおまかせするということなんだ」と感じることができたからなんだと思います。

誓願式とは本来「自分の忠誠を神に、人々の前で表明すること」なのだと思いますが、僕にとってはむしろ「神さまがどんなに忠実で頼りになるかたか」をめいっぱいに感じる瞬間となりました。誓願の前には「諸聖人の連願」を唱えながら地にひれ伏す習慣となっているのですが、その時も「ああ、自分の人生は神さまの力強くも優しい御手に包まれているんだな」と素直に感じました。

〔会として生きる清貧〕

以上は誓願を立てる個人に関する規定ですが、修道生活を送る人は集団としても清貧を生きるように招かれ、会が共同生活や使徒的活動を通して行う貧しさの実践は教会が強く求めている証しの一つです。修道会では、初代教会のエルサレム共同体におけるすべてのものの共有（使徒2・44〜46参照）を模範とする財の分かち合いが求められます。

会や修道院として贅沢《ぜいたく》や富の蓄積を避けるのはもちろんのこと、四旬節や待降節などに共同体として節制を行ったり、会の事業や使徒活動を通して教会と貧しい人々の必要に応える努力をするように招かれています。財物の分かち合いはそれ自体にも兄弟愛の行いとして価値があるものですが、共同体において祈りや精神的な豊かさが分かち合われていることを象徴的に示すシンボルとしての意味合いも重要です。

一人ひとりが共同体の仲間、物、時間、訪問客を大切にすることは個人主義が蔓延《まんえん》する社会の中で大きな証しの力を持ちます。お金の管理は長上や会計係といった責任者の仕事であると考えるのでなく、修道院の経済状況も大枠として知っていることが求められるでしょう。

◉貧しい人々との連帯の意識を

貧しい人々との連帯はすべてのキリスト者の義務ですが、修道者は自分が物を持たずに質素に生きるだけでなく、貧しい人々と連帯し、貧困や富の不公平な分配などについて社会的な意識を持たなければならないでしょう。

伝統的なカトリックの国では、修道院は大きく立派なものであることが多いのですが、人々はそうした建物よりも修道者が世の中にある苦しみを知らないことに驚くことも多いのです。会として特定の社会的な勢力にくみしない自由さや社会正義を推進する努力、物や時間をより貧しい人に差し出すなどの行いが求められ、修道会の場合、そうしたすべてが会の創立の精神の表れであることが大切です。

〈従順の誓願〉

貞潔、清貧と並んで従順の誓願は修道生活の初めから大切にされてきました。従順の福音的勧告は「死に至るまで従う者となられたキリスト」（フィリ2・8参照）に従い、信仰と愛の精神で受け入れるもので、修道会の会憲に従って長上が命ずる時、会員に意志の服従を義務づけます。修道会の長上は「神の代理者」であるという表現が伝統的に用いられていますが、長上自身が会憲に従う会員であり、会憲が定める範囲の事柄しか命じることはできません。その権限は会によって、また段階によっても異なります。難しいのは、長上の命令に対して、修道者には単なる外的な行為の服従にとどまらない意志の従順が求められている点です。

従順の誓願は、御父に派遣され、御父の望みを行うことだけを探し求めたキリストを模範として修道者が自分のすべてを神に明け渡す手段の一つで、具体的な中身は会の創立の精神によります。観想修道会では修道院の規律を守るために「戒律」に対する従順と院長の権限が、兄弟的な交わりを重んじる托鉢会《たくはつかい》では修道院集会や管区の決定が、使徒活動に従事する会では任務に派遣する長上との対話と識別が大切な役割を果たします。神の計画はどこに、どのようにして見いだされるのかという会の精神が正しく理解された上で真に実践される誓願であるといえます。

●従順の実践の三要素

実践に関して法的には三つの要素が求められます。まず、命じられる内容が可能であることです。病気の人に断食を命じたり、個人の能力を明らかに超える事柄を命令することはできません。

二つ目は長上の権限が会憲で定められていることです。たとえば特定の聴罪司祭に告白をすること、会員の良心にかかわる事柄を長上に打ち明けることを強制することは許されません。

さらに、命令は従順の誓願の名によって下されることが必要です。活動会の場合、総長や管区長という上級長上にのみ従順の名において命じる権限を認めている会憲がほとんどです。

命じられる内容は、使徒活動に献身する会であれば、多くの場合どの修道院に住んでどのような使徒職を果たすかに関するもので、法は修道者が長上の許可なく自分の会以外の使徒職を引き受けてはならないと定めています。修道院の院長の役割は、会員が活動を行い、修道院の霊的生活を守るためのもので、緊急の場合以外は誓願を盾にとって命令することは認められていません。共同体の長が語ることに従う従順の徳はたいへん大切ですが、従わなかったからといってただちに教会で公に約束した誓願に違反することになるのではありません。

◉「統治」の代わりに「権威の奉仕」へ

近年の教会文書では「統治」の代わりに「権威の奉仕」、「長上」の代わりに「権威の立場にある人々」という言葉が用いられるようになっています。神の代理者として命じるとは、長上が判断において間違うことがないと思い込むことではなく、神が望んでいるのは、神の計画の仲介者である長上に人間的には限界があるとしても、愛と信仰をもって自由に従う人の姿には神の恵みが現れることを信じることを意味しています。修道者は自発的に従順を選び、長上は奉仕のために権威を行使します。

たしかに従順の誓願には犠牲や自己放棄という要素が強く含まれ、ある意味で主イエスの十字架の愚かさ（1コリ3・18～19参照）を体験することになるのですが、同時にキリストと同じように十字架はもっとも深い愛のしるしとなるものです。

ヨハネ・パウロ二世は従順に社会的意義を認め、自由が乱用され、神や自然に対する人間の自律を主張する世界が結果的に不正と暴力がはびこる世界を作り上げたことを指摘し、それに対して主イエスにみるまったき自由と真の従順の間に矛盾がないこと、イエスのように従うことができるのは神の子であることの現れであると教えています（「奉献生活」91）。

〈誓願の社会性と養成の段階〉

修道生活を送る人は福音的勧告を生きることを誓って神の国の価値を自由に選び取っていくのですが、この世から離れるからといって他の人とかかわりがなくなるのではなく（「教会憲章」46）、キリスト者がこの地上には永続する国を持たず、神だけが絶対者であることを公に証しするしるしになることが大切です。修道者がどのようにイエスの勧めを実践するかは各会に固有の創立の精神に従いますが、それは個人の生活の領域にとどまらない、社会的な意義も持っています。この世界を福音化していくことは信徒の務め（「教会憲章」31）ですが、その神の民の中でしるし、刺激となるという召し出しを修道者は果たします。

◉修練期での養成

修練期を終了すると会員は初誓願を宣立し、修道者になります。三年から六年の有期誓願期を経て終生誓願を立て、会憲に定められるすべての権利と義務を持つ会員として会に組み入れられます。具体的には修練期では、神にだけでなく「具体的なこの会に」招かれていることをよりよく理解し、確認するために、修練院の共同生活を通して会独自の生活様式を体験します。会の精神に従って心も身体も鍛えることができるように、養成担当者（修練長）の指導を受け、特に祈りや典礼、会の歴史や特性について学びます。

祈りの面では、救いの神秘を観想する、聖書を読む、黙想する、典礼において神を礼拝することを学ぶことなどが課題で、修練者の意向と適性は、人間として、またキリスト者としての徳を養い、三誓願を実践できるように祈りと克己によってより完全な道を目指す姿勢、共同生活を受け入れる態度などを通して試されます。

◉有期誓願期での養成

基本的な事柄を身に着け、神と隣人に対する献身に生涯をささげる決心が確認された後は、さらに数年をかけてそれぞれの会にとって重要な特質を身につける養成を受けます。会によって重点は異なりますが、毎日努めてミサにあずかってキリストの聖なるからだを拝領し、聖体の秘跡のなかに現存する主ご自身を礼拝すること、聖書を読むことや日々の黙想、教会の（朝晩の）祈り、意識の究明、たびたびのゆるしの秘跡、奉献生活の模範であり保護者である神の母処女マリアへの特別の崇敬、毎年の黙想などはどの会にも共通する事柄です。

神と隣人にささげられた生き方を日常の暮らしを通して習得し、司牧や使徒的な活動を通して教会や司牧者に対する愛を深めることもこの時期に求められる大切な要素です。

◉司祭職を目指す修道者の養成

司祭職を目指す修道者はそれぞれの会の養成指針に従って哲学や神学を身につけますが、終生誓願を立てた会員だけが叙階の秘跡を受けられることになっています。

聖職者に求められる毎日のミサ、教会の祈りを通して全世界の教会と共に祈る体験のほか、信頼をもって自分の良心を打ち明けることのできる、自由に選んだ霊的生活の指導司祭を持つように勧められます。聖職者に固有の義務や重荷を十分に理解することが不可欠で、信仰の体験と福音の教えを適切に伝える方法も身につけなければなりません。

哲学は思考力の鍛錬を目指し、神学は信仰に照らされて、教会の教えの全体を正しく学ばなければいけません。具体的には教義学、聖書学、倫理神学、司牧神学、教会法、典礼、教会史などの科目を学びますが、哲学の課程は満二年、神学の課程は満四年でなければならないと決められています。

〈兄弟的な共同生活の証し〉

修道生活においては、三誓願と並んで共同体（修道院）において兄弟的な生活を送ることが必ず求められます。イエス自身が宣教生活の始めから弟子たちを集め、一緒に生活していたように、共に暮らすことはキリスト者の共同体の特徴です。最後の晩餐《ばんさん》で信じた人たちが「一つであるように」（ヨハ17・21）と祈ったように、弟子たちは神を愛するだけでなく、互いに交わることが大切で、修道生活は主によって集められた人と兄弟として過ごす証しが求められています。共同生活が一つ屋根の下に、共通の時間割に従って過ごすことにだけあるのではないという理解は、公会議以降、次第に受け入れられていますが、核家族化や少子化という現象を受けて人が共に住むことの価値が見直され、修道者の共同生活に求められる意味も変化しています。

家庭生活が簡単にはうまくはいかないように、修道者の共同生活にも課題は少なくありません。特に個人主義は、現代世界がなくてはならない価値とみなす個の確立や自由と深くかかわり、一人ひとりの人間としての成熟とかかわる点で多くの修道者が乗り越えなければならない課題です。各自が各自のことを自由に行うことが使命を果たすことなのではなく、修道者の従順にはどの共同体にでも赴くことができるという自由さが含まれます。修道者に求められる成熟は共同で生活し、共同で使命を果たすことのできる成熟です。

共同生活は会員の召し出しを実現する場を提供します。共同体は物質的な支えを得る場であるだけではなく、会員が寛大さや敬意、忍耐とゆるし、あるいは無私の奉仕を体験することができ、提供することができる場所です。修道院は福音を共に生きる場、霊的に共に生きるように召される場所であり、隣人愛を表す相手として、修道者にはまず修友が与えられています。

共同体はまた、祈りの場です。効率のよい仕事を第一に考える現代に住む修道者、より多くの仕事をする人が大切にされ、物やお金といった目に見えるものに頼ろうとする社会に生きている修道者にとって、目にも見えず、効率がよいものでもない祈りを生活の中に保つことは以前よりも難しい状況になっています。聖体祭儀が行われ、聖体が安置される聖堂が真に共同体の中心（教会法608条）にならなければなりません。

◉修道者は交わりの専門家

さらに共同体は、会員に安心、休息、支えを提供してくれる憩いの場であり、共同体における友人や交わりが使徒活動や貞潔を保つ点で大きな助けとなります。各自がよい模範を持ち寄り、他者のよいところを見習う習慣が求められます。修道者は交わりの専門家（エキスパート）であり、共同生活そのものが証しである（「キリストからの再出発」33）とヨハネ・パウロ二世は繰り返しました。宗教、世代、文化、肌の色、言語の違いに気をとられて分裂に悩む世界にあって、相違があっても共に生きることができる証しを人々は目にしたいと思っています。共同で生活すること自体が修道者に与えられた使命となっており、そのために協力し合うことができ、話し合うことができる修道者であることが大切です。生涯を奉献した修道者の、たとえば互いにゆるし合う姿を通して共同体としてのミッションをより自覚的に果たすことが、現代の修道者に求められる課題と言えます。

三 ✝ 多様な形態・会のカリスマ・使徒的活動をもって

奉献生活の原型は、三世紀のエジプトの荒れ野における隠遁《いんとん》生活に遡ります。ローマ帝国でキリスト教が公認されると迫害はなくなり、時を同じくして福音に従うためにこの世からいっそう厳しく離脱する生き方が見られるようになりました。孤独の生活を送りながら祈りと禁欲に努める人々の中で、「修道生活の父」と呼ばれるアントニオは霊的な指導を求めて集まった人々に規則や指針を与え、それが次第に共有されて集団を形作っていきました。食料を個人で手に入れなければいけない不便さや祈りの生活における困難を乗り越えるためにパコミオスは共住生活の規則を残しますが、これが修道会の会則の発展に基礎を与えました。

〔多様な形態と時代に呼応した変遷〕

修道生活は個人で行う隠遁生活から共住する隠世《いんせい》修道院へ移行していきますが、

いずれの時代にも世からの離脱を特徴とすると同時に、時代の必要に呼応して新しい形態も誕生してきました。

中世になると「祈り、働け」という聖ベネディクトの霊性に代表される自治修道院が隆盛を見、さらに十字軍とかかわる騎士修道会に続いてフランシスコ会、ドミニコ会に代表される托鉢《たくはつ》修道会が起こり、社会の中の人々に証しをする修道生活が見られるようになります。托鉢修道会は簡素な生活と兄弟愛に重点を置いて会として清貧を実践することに特徴がある修道会です。

近世になると、イエズス会のような聖職者修道会が起こり、会が行う活動も祈りや兄弟的な交わりから宣教へと重心が移り、次第に地域的・社会的に広がりを見せていきました。

近代になってサレジオ会やレデンプトール会などの使徒的な特定の分野の活動に特徴を持つ修道会が登場し、それまでは観想生活の会しか認められなかった女子の分野では、十九世紀以降、使徒的な活動を行う会が急速に数を増し、それらが二十世紀初頭に正式に修道生活と認められることになりました。二十世紀の半ばには在俗会が正式に認可を受けました。

〈多数の会の創立のカリスマ（霊の賜物）〉

修道生活には異なるタイプのものがあります。外の世界との接触を断って修道院内の祈りと労働に従事する観想修道会があり、活動修道会にもいろいろな形態・目的のものがあります。第二バチカン公会議は、修道会の間に見られる違いは地上におけるイエスの生活のさまざまな側面に基づくものなので各会の特徴を大切にするように（「教会憲章」46）と教えました。

教会には、聖霊の賜物を備えた奉献生活の会が多数存在し、これらは祈るキリスト（観想会）、神の国を告げるキリスト（宣教活動をする会）、人々に善を行うキリスト（使徒活動を行う会）、人々と共にこの世のただ中に生きるキリスト（在俗会）、そしていかなる場合にも神である父の望まれることを果たすキリスト（すべての奉献生活者）の姿をよりよく表すと表現されます。

●すべての人の益のために与えられた神の恵み

修道会の目的や生活様式は、会の創立者の体験に基づく創立の精神の表現ですが、七十年代以降、「会のカリスマ」と呼ばれることが多くなりました。カリスマ（霊の賜物）は聖パウロが用いた言葉（ロマ12章、Ｉコリ12章など）で、集団全体あるいは他の人の益となるように与えられた神の恵みを指すものです。奉献生活を送る人々のあいだではすでに日常的に用いられる言葉ですが、聖書では個人に与えられる恵みを指し、集団に与えられる恵みをカリスマと呼んでよいのか学者の間では議論があります。そのため現行教会法では「会の本性、目的、精神、性質」と言い換えられました。会の特徴のうちで聖座や司教など司牧の責任者によって承認された創立者の精神や考え、会の健全な伝統で主要な精神的遺産をなすものを指しています。

会の本性とは観想会か活動会、聖職者の会か信徒の会などの区別をいい、目的とは会が創立された奉仕の方法や分野（福祉、教育、宣教など）を指します。精神あるいは霊性とは会がキリストの秘義にどのような形でかかわるのかや、主要な霊的生活の内容をいい、性質とは会の特質全般を指す用語です。

創立者のカリスマとは「一つの聖霊体験であり、絶えず成長する『キリストのからだ』との調和のうちに、その弟子たちによっても生きられ、守られ、深められ、つねに発展していくようにと受け継がれるもの」（「教会における司教と修道者の関係についての指針」11）と表現され、誓願に関することだけでなく、共同生活、祈りの生活、使徒活動、統治の分野に至るまで修道会を特徴づけるものです。霊の賜物は言葉では表現しつくせないものであるとしても、教会に与えられた賜物なので、できるだけ会憲に明確に表現されて、多くの人と共有され、受け継がれるようにしなければならないとされています。

〈会として創立のカリスマにそって果たす使徒活動〉

修道者の存在意義は、ある特定の活動に従事することによって表されるのではありません。事実、観想修道会は外的に活動を行わなくても神の民全体に奉仕する神秘的な豊かさを持っていると教会は教えています。すべての修道者の使徒職は、第一に神と人々への奉仕に奉献された生き方の証しにあり、修道者はそれを祈りと償いによって養い育てなければならない（教会法673条）とされています。

使徒的な活動は事業や愛のわざとして表現されますが、修道者の活動に共通しているのは、それが個人が行う仕事ではなく、会としての教会のために果たされる任務である点、また、各会の性格や目的に基づいて行うという点です。いずれの会も、創立のカリスマに忠実に活動がなされることが大切です。

もっぱら観想を目的とする会は、祈りと苦行を通して神に賛美のいけにえをささげ、神の民を模範によって動かすことを目的としています。そのためどれほど活動的な使徒職の必要性があっても外的な奉仕職を求めないように注意しなければなりません。

使徒活動にささげられている会では活動は会の本質に属します。同時に活動だけに焦点が当てられないよう、会員の生活全体が福音的な精神に満たされ、活動が修道会の創立のカリスマによって生かされるようにしなければなりません。

会のカリスマは変化しないとしても、活動の対象となる人も社会も変化するので、会の固有の使命と仕事を忠実に維持するだけでなく、それらを時と場所の必要性に賢明に適合させなければなりません。恵みに忠実であるとは伝統的な形に執着することではなく、若い修道者の感性が発揮されて、変化に敏感に対応しなければいけないことでしょう。

修道者は会の霊性に従って活動を行いますが、宣教・司牧や公の礼拝、使徒的活動に関しては教区司教の権限に服します。いずれにしても、修道生活を支える柱は、貞潔・清貧・従順の誓願による生涯の奉献、共同で送る兄弟的な生活、祈り、使徒的活動の四つであり、活動が修道者であることの中心的な証しであるという考え方は避けなければなりません。

◉修道者に禁止されている活動

愛のわざはさまざまな形をとりますが、聖職者と同じように、修道者は一定の活動をすることが禁じられます。たとえば、商売、兵役、国家権力の行使にかかわる職務、経済的な行為の保証人になること、政治活動などです。政治的な活動をいっさい行ってはいけないのではありませんが、政治活動は利害関係を調和させるもので、そこにはある意味で敵と味方が生じます。現代社会では政治とかかわりのない使徒的な活動はほとんど考えられなくなってきているものの、敵と味方ができる世界に入って専門家として働くことは修道生活とは相いれないと考えられています。

〔修道院の禁域〕

修道者は自分の修道院に住んで共同生活を守らなければならず、長上の許可を得ない限りそこから離れてはいけません。修道生活は修道院に入って、血のつながりのない人とあたかも兄弟のように生活をする召し出しです。

特に観想会の修道生活は孤独のうちにもっぱら祈りと償いによって神の国に奉仕するのですから、修道院に住むことそのものが目的ではないにせよ、それを外しては召命が完成しないところがあります。

修道院の禁域には数種類あり、観想修道会だけでなく、どこの修道院にも必ず会員にだけ留保されている区域がなければならないと決められています。活動修道会の場合、長上の許可があれば、ある程度のところまで外部の人が入ることができますが、観想修道会の場合は、会憲でより厳しく禁域が定められています。たとえば聖堂より内側に女性は入れないという規則が男子観想修道会にはあり、女子観想修道会の場合には、聖座から与えられた規則に従う教皇禁域をより厳格に守らなければなりません。

結び

第二バチカン公会議は奉献生活を送る人に現代世界の人々が理解できるようにする刷新を求めましたが、そのために基準とされたことは「聖霊の鼓動に従う」ことと、教会の指導を受けながら「キリスト教生活の源泉と会の創立当初の精神に戻る」ことでした。

奉献生活の最高の規則は、福音が示すキリストに従うこと（「修道生活の刷新・適応に関する教令」2）であり、それはそれぞれの会の会憲に表明されています。その後のどの教皇の文書も会の創立の精神に忠実であることを強く求め、教皇フランシスコは二〇一五年を「奉献生活の年」として、特に喜びをもって修道生活を生きること、苦しんでいる人のもとに自ら出向いていくことを呼びかけています。時代と教会の必要を読み取り、創立の精神に対して創造的な忠実を生きることは、いつの時代も教会が修道者に求める証しです。

現代に生きる修道者にとって、何か明確な枠組みがあって「これをしていれば確実に修道者である、それさえ守れば修道者と言える」という基準を定めることは難しくなってきています。物を持たなければ清貧である、結婚していなければ貞潔を生きているという捉え方で修道生活を理解しようとすることには限界がありますし、それだけでは魅力的な証しにならないことでしょう。

現代、修道者自身が、自分が果たすべき役割は何であるかを探し求めています。社会の構造が複雑になり、家族や地域の共同体における人間のかかわりが薄れる中で、近年ますますはっきりと意識されているのは、それぞれの修道会が創立された目的は何か、創立者が目指していたものを達成するために受け取った恵みはどのようなものであったかを中心に据えて、三誓願や共同生活を捉えることの大切さです。さらに、修道者が受けている恵みは何であるかを見いだし、その恵みを人々のために喜んで用い、求める人とその恵みを分かち合う協働が一つの鍵として理解されるようになってきています。

3章　自分の道を見つけよう――望洋庵より

溝部　脩

わたしも修道奉献生活六十年、司祭生活五十年を経てきた。この五十年間青少年活動を行わなかった年は、わたしにはないと言ってもよい。それに関して多くの試行錯誤を繰り返してきたことも事実である。また、その五十年の半分以上は、若い修道者、教区神学生の養成にささげられていたことも、今のわたしには大きな力となっている。それらの体験を集約した形で今、召命司牧にかかわって、そこで自分が感じていることを、この一文にまとめてみることにした。

〈青少年司牧〉

青少年司牧と召命司牧は密接につながっているが、また微妙に異なっている。問題は、この二つが微妙にくい違ったり、絡んでいることに気づかないで、一緒くたにして、青少年司牧と召命司牧を同時に行っていることにある。わたしも昔はそうだった。青少年司牧は、むしろ十代から二十代の前半の青年に、種々の体験を積み重ねさせることを主眼とする。したがって、この時期には多くの出会いと本物への旅が必要である。自分の殻から飛び出て、新しい世界、自己を確立していく試みを多くさせることにある。召命司牧は、多くの体験を積み重ねた青年が、さらに人生の岐路に立って、自分の人生の選択をいかに行うかを考えさせることにある。

◉「教会のために自分は何を？」という感覚を培う

青少年司牧ということに関して、青年は自由であって、彼らの自由に任せればよいと考える人たちがいる。信仰とか、教会とか、あまり気にしないで、仲間を増やすことに終始する。要するに、集まっていれば、それでよしとしている考えである。思いきって自由に自分を発揮する場があるのは好ましい。しかし、こと教会の青年となると、おのずと事情は異なってくる。わたしは、教会感覚を培うためにも、多感な青春の時期、教会とのつながりを大きく持ってもらいたいと思

るかを考えるに至れば、すべては変わる。

してもらうことに慣れたところからきている。自分が教会に何を渡すことができ

う。教会のために何ができるのかを考えさせたい。たぶんに若者の教会離れは、

◉多くの本物と出会う

一方で、先走りして洗脳にも似て、聖職者召命のみを強調する考えの人に会うことも多い。まだ召命意識がないのに、あわてて決まった路線に引きずり込もうとする傾向のことを指している。召命の道が開けるには、どうしても青少年宣教司牧の充実がいる。小神学校とか、ジュニア志願院とかがあるのは、喜ばしいことであるが、この年齢の若い人たちは、その年齢にあった経験を積むことのほうが大切である。この時代の少年、少女については、召命司牧より、むしろ青少年司牧の部類に入る活動を中心として考えるべきである。十代から二十代前半には、多くの人と出会ったらよい。しかも、本物との出会いをたくさん提供したらよい。多くの青年、多くの大人との出会いの場をたくさん踏むことで、自分の道を決断する段階に到達できる。できることなら、種々の世代の人々と出会ったらよい。

また異性との出会いも含めて、いろんな職業の人たちとも出会ったらよい。感受性が豊かなだけに、この時代に良き指導者に恵まれると、人間として見事に成熟し、本物を志向する道が開ける。

しかし、二十代後半からは、どうしても自分の人生の在り方を決断する歩みに入らないといけない。四十歳になっても、まだ青年会や、高校生会の延長のようなものをしていては、道は開けない。その意味で、二十代半ばまでは青少年司牧の対象であり、それ以降は召命司牧の対象となるといってもよい。十代の若者に、早くから召命の道のみを洗脳していくのは危険であり、三十代になっても、まだグループづくりみたいなものに専念させても無駄である。成熟していないのに、召命、召命と誘うのは好ましくないし、年齢が進んでいるから、召命が熟しているとも言い難い。どのように青年前期を過ごしたかのほうが大切である。

〈召命司牧は人生の歩みを決断するための手助け〉

ここでは、単に聖職者への召命をさしているのではない。福音にそって、自分の人生を判断し、決断するまでの道筋を見いだす手伝いをするのが、召命司牧である。結婚する人、教師になる人、弁護士、医者、社会福祉の分野と多岐にわたる人生の歩みを決断する時にそばにいる人が霊的同伴者なのである。

どんな道を選んでも、常に福音にそって生きるという決断が求められている。自然の感情のままに結婚に至ったり、打算と名誉のために職業を選んだりすることを避け、神が求めている道を、神の前に決断し、受け入れていく、この行程を助けるのが召命司牧である。

◉まず人間的な成熟を重視する

召命の道を歩むためには、まず人間的に成熟する歩みを重視する。情緒が不安定のまま、人生の重大な決断をしてはならない。思い込みが激しかったり、人に対して過度に好き嫌いがある人には、召命の判断は慎重でないといけない。信心深いようで、その実心身のバランスを崩している人には無理をさせない。むしろ、これらを克服するために、毎日の生活を規則正しく行うことを勧める。また、好き嫌いを乗り越えるためには、仲間と交わることを学ばせる。規則正しい生活と人との交わり、この二つを心がけている指導者は、召命を判断しようとしている若者にとっては、貴重な人となる。逆に頭でっかちの信仰というか、とかく理屈っぽい若者に出会うことも多い。こだわりが強く、理屈をこねては、指導を極端にいやがる。信仰は不条理と思えることを、素直に受け入れるところから始まるのであって、召命の道は、霊的同伴者の指導を受け入れなければ前に進まない。自分の考えのみに固執している人に、召命の決断をさせるのは困難である。

◉しっかりと学ぶ姿勢がある

二つ目は、学ぶ姿勢である。しっかりと学ぶ人は、大事な時に大事な決断ができる人である。教会の教えをどのように理解するかは、大切な課題である。キリストの教えを深めないで、召命の次のステップを踏み出すことはできない。教会の教えと聖書のしっかりとした学びがその第一である。みことばを中心におく仲間づくり、これが召命を生み出す土壌となる。聖書をどのように読むかは、召命の識別の中で大切な要素となる。

◉祈りを身につけ霊的に成長する

三つ目は霊的に成長すること。祈りの大切さを学び、体験する。祈りは毎日の生活の中で自分の身につけていくものである。現代の教会は、とかく活動に偏りがちで、祈ることの大切さが失われている。青少年司牧も、どのように祈ることを学ばせるかが、最大の課題の一つである。どのように祈るかを、しっかりと学ぶ必要がある。歴代の教皇が、「レクチオ・ディヴィナ」を強調しているが、これは祈りながら聖書を読み、それを仲間と分かち合うという霊的成長の方法を示唆しているのである。

〈「望洋庵」での試み〉

わたしは高松教区の司教を終えたとき、残された余生をどのように生きるかと迷った。生涯若者のために生きる誓願をもつサレジオ会員として、余生はやはり若者のためにささげることが当然と理解した。「どこに、どのように」で逡巡しながら、京都に一つの小さな「庵」を設けることで一段落がついた。築百八年の家であるが、人を受け入れやすい建物であることは確かである。敷居の低い教会ということが叫ばれているが、まさにその教会の最先端をいっていると思われる。それだけに、人の出入りが激しくて、三年たつにつれて、当初期待していた家の様相とずいぶん異なってしまったきらいがある。今も試行錯誤であるが、それでも基本路線は変わらないで持っている。その基本路線は次の通りである。

――基本路線――

①福音を深める

聖書の勉強会に力を入れる。その勉強会の在り方をまず問うことから始まった。どのように分かりやすく、しかも学問的にも確かであり、青春の時代の若者にアッピールする方法をとるかということ。わたしは、キリシタン時代行われていた、イグナチオの「霊操」の仕方を存分に取り入れた方法を用いている。その黙想は、みことばを読むというところから始まる。

みことばを読み「考察」することから、何かが見えてくる。「黙想」は、「考察」で見えた何かを、想像をたくましくして物語につくり変える作業に入る。聖書に登場する人物を目の前において、彼らと語り、彼らの想いを想像してみる。二千年前の出来事の中に、今生きている自分を置く、ここから「観想」に入る。「観想」とは、神との対話、キリシタン時代「コロキオ」と呼ばせたことにある。神からのメッセージを自らが受け取り、それにそって自分が生きると決断する段階にまで至ることを目指す。この聖書の読みを何度も繰り返すうちに、自分の生活そのものの見直しが始まる。小さな決断を繰り返すうちに、大きな決断に至るのである。この一連の作業を「識別」と呼ぶ。繰り返すうちに自分の身についてくるものを「徳」(virtus)と呼ぶ。

黙想がよくできるためには、場の設定を工夫するのもよい。水が流れる音、香の香り、ろうそくの明かりなどをよく利用する。聖書の勉強会はだいたい次のように行っている。最初の三十分間黙読と簡単な解説、次いで四十分間分かち合い、最後に三十分間まとめと祈り。終わるたびごとにまとめを文章化して参加者に配る。それらをまとめて、分冊のパンフレットとして出版する。

②福音に基づく共同体づくりに成功する

信仰を持つものの共同体とは何かを考えてみる。そのために、わたしは「教会の祈り」を工夫して唱えさせている。夕の祈りの読書の場面で、翌日のミサの福音朗読を読み、聖体の前に礼拝をささげて、そのうえで簡単に毎日、分ち合いを行う。教会が勧めている「レクチオ・ディヴィナ」とは、単に聖書を読むことではない。静かに考える時間を持ち、そこから神からのメッセージを受け止め、さらにそれを信仰の仲間と分かち合うことを指す。こうすることで、ことばの意味も深まるし、何よりもことばの力で他の人々と深くつながる。「レクチオ・ディヴィナ」の実践こそは、召命につながるといってもよい。

③食卓を共にする

「望洋庵」では、聖書の勉強会の後には、決まってパスタを食べる。毎回同じミートのパスタだけど、皆で食べるから喜ばれている。受講代を三百円いただいているので、トントンの会計で間に合う。ゆでるのにあまり時間をかけないし、適当にお腹も満たしてくれるので、一番良い感じがする。考えてみれば、福音書の中には、イエスを囲んでの食卓の場面が多い。温かい人間関係をつくるためには最適である。

④宣教への熱意をもつ

ヨハネ・ボスコはサレジオ会に「我に魂を与えたまえ、そして他のものは取り去りたまえ」というモットーを残している。教育するにしても、福祉に従事するにしても、教会活動をするにしても、大切なのは「神の国」建設に没頭する意識である。

一人ひとりが召命の道を歩むことに誇りを持つ。広い人脈をつくり、さらにその中で信仰を語ることを厭《いと》わない。喜んで人のために働き、喜んで人と共にいる。福音的共同体は常に周りに開かれていて、新しい出会いを求めていく、大きな自分への成長をさす。「望洋庵」では聖書の勉強会においても、黙想指導においても、青年自身が言葉を語ることを大切にしている。青年自らがこれらの霊的、または宣教の仕事を行うに至れば、それは召命の確実な道となる。

〈確かな同伴者は祈ることから〉

霊的同伴者と呼ばれるだけに、自ら霊的生活に生きることから始まる。霊的感性を身につけるには、まず自ら祈ること、みことばに触れること、黙想を何よりも大切にすることなどである。同時に学ぶ姿勢を常に持っていること。読みを広く、深くすれば、おのずと視野が広がる。同時に決して譲ってはいけないものは何かをしっかりと心得ることにある。このようにして、教会に仕える青年、教会の行事に喜んで参加する青年、主日のミサを大切にする青年、祈りを何よりも大切にする青年、前向きに現代を生きようとする青年を育てようとする、これが良き霊的同伴者となる。どのように霊的感性を身につけるか、これは霊的同伴者が絶えず自らに問いかける課題である。

〈頼もしい青年たち自身の力〉

現代の若者はやはり何か本物を求めているという気がする。問題は、彼らの要求に応えきれない教会の態勢というか、体質みたいなものから抜けきれないことにあるようだ。福音を真っすぐに打ち出すことで、逆に真に求める青年が来ることが分かった。もちろんお説教くさい宗教を出したくないし、ましてや押しつけがましいことはしない。信仰を求める仲間づくりにも成功する必要がある。個人指導の黙想には、ゆったりとした時間をあてるし、グループの黙想指導には個人との話し合いをかならず行っている。司祭としてゆるしの秘跡を使うことができるのは大きな恵みである。要するに人数が多くても、少なくても、ここに居る人と向かう、その姿勢にあるといってもよい。精神的に苦しんでいる人には、無理をさせないことを原則としている。霊的なものを与え続ければ、人は成長するとは言い難い。今のわたしの感想は、忙しすぎたこの何年間は、召命識別のためにはあまり良かったとは言い難い。ゆったりともう少し考えなくては。

わたしは聖書をまず大事にすることを青少年司牧と召命司牧の中心に据えているので、聖書の勉強会に力を入れている。これは常時二十人から三十人集まっている。最近は、テーマにそって青年自身が問題提起を行っている。

たとえば、ルカ福音書の神殿での少年イエスの箇所の黙想では、「イエスの青春」（ルカ2・41～50）というテーマで行った。「イエスの誘惑」（ルカ4・1～13）では、一人の青年が「現代の格差社会とお金」というテーマで話をした。実際にこれらの話を準備する青年こそ召命へと目覚めていっている。

同様に黙想会を企画するとき、かならず二～三名の青年が前もって聖書の黙想をしたうえで、黙想会をリードしている。人を彼らが集めるし、彼ら自身が召命を探究する者となる。人数にこだわらない姿勢は、黙想をもっと深めたものとしている。実際、今まで人が集まらなかった例はない。

何よりも聖書の勉強会から洗礼が確実に生まれてきていて、その人たちが次の段階を踏みたいという姿勢を見せていることは頼もしいかぎりである。出会った人たちと、どのように真剣に出会えるかは、こちらの姿勢一つにかかっている。

4章　神さまの不思議な御業《みわざ》

谷口純子

息子の叙階まで、そして今もたくさんのお祈りと応援に心からお礼申し上げます。ありがとうございます。これからもたくさんのお祈りをどうぞよろしくお願い申し上げます。今日は「信仰の伝達」ということをテーマにお話をするご依頼を受けましたので、「神さまはいつも働いていてくださる」ことを、わたしの実感したことから分かち合わせていただきたいと思っています。それは昔も今もこれからもそうであること、わたしが気づかないときも、神さまを信じられないと思うときも、祈ることができないときも、神さまはいつも働きかけてくださることを感じています。

わたしはキリスト教とは縁もゆかりもない家庭で育ちました。今、世界遺産と騒がれている炭鉱の町で、長屋の炭鉱住宅で育ちました。貧しい生活でした。そしてたった二週間の入院で父は亡くなりました。父の死は「人間について」「命について」真剣に考え始めるきっかけになりました。

当時、わたしは地元のミッションスクールに通っていました。母は経済的な理由でその学校に行くことに大反対だったのですが、父は母を説得し、わたしはミッションスクールの中学校に入学していました。でも、父が亡くなり、金銭的に窮地に立たされたとき、その後の授業料と高校への入学金を免除してくださったのは、イタリア人の校長さま・シスターでした。「お父さまは天国にいらっしゃいますよ。命はなくなりません、永遠です」とのシスターの言葉をきっかけに、わたしはカトリック要理を勉強し、洗礼を受けました。

わたしには障害のある弟がいます。父を亡くしてまもなく、弟は手術のために遠方にある障害児の療育センターに入所しました。汽車に乗って、月に一度早朝から弟に会いに行きました。そこにはさまざまな障害のある子どもたちがいました。亡くなる子どももいました。どうして罪のない子が障害を背負わなければならないのか、あまりにもむごいとわたしはいつも思っていました。

この子たちとの出会いが、わたしの進路を決めました。奨学金とアルバイトで、障害児教育を専攻する課程を卒業し、養護学校（特別支援学校）に就職しました。そこに勤めていたときに生まれたのがダウン症の娘です。八百人から千人に一人の割合で生まれます。なぜ、わたしのところに生まれたのか、小学生の時は、障害のある弟と共にいじめられ、今は、障害のある子どもやその保護者のために一生懸命働いているではないかと、時には涙を流しながら神さまを恨みました。そのとき、聖書の中に次の箇所を見つけました。

あなたは存在するものすべてを愛し、
お造りになったものを何一つ嫌われない。
憎んでおられるのなら、
造られなかったはずだ。
あなたがお望みにならないのに存続し、
あなたが呼び出されないのに存在するものが
　果たしてあるだろうか。
命を愛される主よ、すべてはあなたのもの、あなたはすべてをいとおしまれる。
（知恵の書11・24〜26）

また、イエスさまのおっしゃったこと、なさったことに心が震えるほど感動しました。目の見えない人が、イエスさまに目が見えるようにしてほしいと訴えます。当時、障害のある人は先祖のたたりか、本人が悪いことをしたので罰が当たったかなどと考えられ、とにかく穢《けが》れた者と見られていました。人のそばにも寄れない。近寄ろうものならののしられ、石を投げつけられ、追い払われることもある。家からも追い出される。仕事もあろうはずもなく、土埃のたつ道の脇に座って物乞いをして生きるか死ぬかのありさまでした。

弟子もイエスさまに訊《き》きます。「この人がこのようになったのは、この人が罪を犯したからか、両親が罪を犯したからですか。」するとイエスさまは「本人が罪を犯したからでも、両親が罪を犯したからでもない。神の業がこの人に現れるためである」（ヨハネ9・3）とお答えになったのです。二千年前にこのようなことをおっしゃったのです。当時の常識を否定なさったのです。なんとすごいことでしょう。

その後、息子と娘が生まれました。日曜日しか休みがないなか、朝から炊事、洗濯、掃除、一週間分の買い出し、そして子どもの世話と、とても教会どころではなくなりました。わたしがめまぐるしく動き回っているあいだ、テレビが子どもたちの子守役。子どもたちは怪獣ものに釘付けになっています。

そのとき、このままではダメだとわたしは確信しました。神さまのことを教えなくていいはずがない。知らないままではどんな人間になるか分からない。大きくなって余裕ができてから教会に行こうと言っても、教会に来るはずがないと思いました。信者ではない夫から文句を言われても、掃除ができなくても、家の中が片付いていなくてもいい。意を決して、三人の子どもを連れて日曜日のミサに通うようにしました。

教会では「召命を求める祈り」をしていました。

わたしたちの父である神さま
あなたは、ひとり子であるイエス・キリストの救いの御業を続けるために司祭職をさだめてくださいました。
すべての人の救いを望まれる神さま
わたしたちの教会の中から、あなたの招きの言葉を聞き、
救いの御業に奉仕する司祭をお選びください。

これはドン・ボスコのつくった祈りですが、教区でつくられた祈りもあります。それを祈っていると怖くなってきました。まさか息子が召し出される？　そんなはずがあるものか……、うちのような家庭から召命があるはずがない。神さま、息子は召命とは関係ありません、息子は取らないでくださいとの思いで、「召命を求める祈り」は祈れませんでした。うちの子は関係ありません、だけどだれかに召命がありますようにとは祈れませんでした。

ところがそんなある日、教会の一階にあるパウロ書店で動き回っている小学校四年生の息子を見た一人のシスターに、男子パウロ修道院の召命学校を紹介されました。対象が五年生以上だけど連れて行ったらいいとおっしゃいました。そこで息子は杉原神父さまと出会いました。何回目か修道院に通ったとき、息子は修

道院の玄関の大きなドアを開けると、ぽんぽんと靴を脱ぎ捨てて「ただいまー」と駆け上がりました。「ただいまー」と言った息子を見て、ふと召し出されるのではないかと胸騒ぎがしました。

その後、多くの神父さまがたのご指導とたくさんの方のお祈りで、司祭へと召し出されました。

今ふりかえってみると、父の死も障害のある娘の誕生も、決して無駄ではなかった、わたしが神さまのことを知り、神さまに近づくために意味があったと思います。「神さまはいつも人を通して、出来事を通して絶えず働きかけてくださる。うちから神父を召し出されるなど不思議なことをなさるものだ」としみじみ思っています。日々、絶えず何事にも感謝、神さまありがとうございますと言える毎日、祈る毎日を送りたいと思っています。

教会になかなか行かない子どもたちがいたら、「今、元気でいるのも神さまのお恵みだよ。ご飯を食べられるのも神さまのお恵みだよ。神さま、ありがとうと言おうね、お祈りしようね」と、小さいときから言い続けることが大事でしょう。

「神さまのお恵みで元気でいるから、困っているお友だちを助けようね」と神さまの意に沿う子どもとして育つようにといつも祈りましょう。

いつもいつも感謝と祈りをもって、今、自分ができることを精一杯すること、体の続く限り教会や地域のボランティアをすること、尽くすこと、それが信仰の伝達だと思っています。神さまの存在に気づく人を増やしたいという思いでいっぱいです。

「いつも喜んでいなさい。絶えず祈りなさい。どんなことにも感謝しなさい。これこそ、キリスト・イエスにおいて、神があなたがたに望んでおられることです。」

（Ⅰテサロニケ5・16〜18）

〜カトリック大名町教会の「信仰の伝達」での話より〜

第Ⅱ部……日本の男子修道会・宣教会の紹介

愛徳修道士会

§創立の由来・使命と目的

愛徳修道士会は、司祭ではなく修道士の会です。ベルギーのゲントの町で、ペトロ・ヨゼフ・トリスト神父によって、苦しむ人々に愛を示すため、一八〇七年に創立されました。修道士たちは生涯を神に奉献し、助けを必要とする人々に奉仕します。それを通して、本当の深い幸せを見つけ、分かち合うことができます。

本会は、きわめてはっきりした必要から生まれました。十九世

①創立年　②創立国　③創立者　④日本の本部

①1807年　②ベルギー　③ペトロ・ヨゼフ・トリスト神父
④〒689-0201　鳥取県鳥取市伏野 1656　Tel/Fax：0857-59-0082

紀の初め、フランス革命の傷痕はなお存続していました。教会は財産を剥ぎ取られ、新秩序は不幸な人に愛を示すことはできませんでした。トリスト神父は時のしるしをとらえ、人間の悩みを目にして愛に深く心を動かされて、この仕事を修道者、すなわちもっぱら神のために生きる覚悟をしながらも、なお人々とより近く接触をしている人々に委ねようと思いました。

本会は、隣人愛のために生きた聖ヴィンセンシオ・ア・パウロの精神と「祈りと労働」を大事にするトラピスト会の精神を受け継いでいますが、それはトリスト神父の独特なカリスマに色付けされたものです。この独特な色とは、聖霊の働きに信頼を持っていることです。

現在、ベルギーを拠点としてオランダ、イギリス、南北アメリカ、アフリカ、アジアなど全世界で、学校や施設を通して福祉活動をしています。とくに、障害のある子どもたちへのカトリック教育その他、精神病院の運営もしており、精神障害者や困難にあっている人々に神の愛、キリストの救いを知らせることが、本会の使命です。

§おもな使徒職

日本には一九七〇年に、カトリック鳥取教会の司祭からの呼びかけにこたえて、知的障害児の社会的自立を支援するために四人の修道士が来日しました。鳥取にある「あすなろ会」に協力して、共に目指した知的障害者福祉関連施設は「松の聖母学園」という名称で、一九七一年に誕生しました。現在はブラザー一人が働いています。

「松の聖母学園」では、十八歳以上の知的障害のあるかたを対象にした〈成人部〉、十八歳までの知的障害のある児童を対象にした〈児童部〉があり、どちらも一人ひとりの能力・特性を伸ばし、社会自立を目指すための支援をします。各ユニットで、家庭的な生活空間の中で利用者の意志および人格を尊重しながら、共同生活介護・援助の支援をしています。

アトンメント会（アトンメントのフランシスコ会）

§創立の由来・使命と目的

一八九八年、アメリカ・ニューヨーク州において、英国聖公会の司祭と修道女の共同創立者によって、アトンメントのフランシスコ会の男女の修道会が同時に創立されました。それは、福音に基づくすべてのキリスト者の一致とエキュメニズムの促進を願う創立者の思いからでした。

①創立年　②創立国　③創立者　④日本の本部

①1898年　②アメリカ合衆国　③ポール・ジェイムス・F・ワトソン神父　④〒230-0017　神奈川県横浜市鶴見区東寺尾中台37-6　Tel：045-581-6374　Fax：045-581-9068

アトンメントのフランシスコ会には、福音宣教を土台として、四つの精神があります。

①キリストの十字架による神と人との「アトンメント（和解）」に対する愛。
②キリスト者・教会の「一致」に対する情熱的な心。
③アシジの聖フランシスコのカリスマに生きること。
④アトンメントの聖母への崇敬。

§おもな使徒職

アトンメントのフランシスコ会の来日は一九四八年七月です。総長代理として来日したホーバン神父は、はじめ大阪教区の田口芳五郎司教を訪ね、宣教地の認可を願い出ました。しかし、さまざまな出来事を通して、横浜教区脇田浅五郎司教から宣教地の認可を得て、現在地の横浜鶴見に修道院をかまえました。

以来鶴見教会の司牧をはじめ、神奈川県北部地区の福音宣教のために働いてきました。アシジの聖フランシスコの精神にならい、川崎地区の野宿者支援活動の奉仕をはじめ、一九五三年には鶴見の地に聖ヨゼフ学園を創立し、学校教育を通して、福音宣教を行っています。また、毎年一月のキリスト教一致祈祷週間では、鶴見地区の各教派の方々と一致のための祈祷会を行い、交流を深めています。WCRP（世界宗教者平和会議）青年部会にアトンメント会会員を派遣し、諸宗教との交わりや日本や世界の平和構築のために働いています。

イエズス会

§創立の由来・使命と目的

イエズス会の創立者聖イグナチオは、十五世紀末スペイン・バスク地方に生まれ、騎士としての夢を追い求めていたが、フランスとの戦いで重傷を負い、聖人たちの模範にならってキリストにすべてを奉献して生きる道を歩み始める。

マンレサでの霊的体験、エルサレムへの巡礼などを通して、

①創立年　②創立国　③創立者　④日本の本部

①1540年　②イタリア　③聖イグナチオ・デ・ロヨラ　④〒102-0083　東京都千代田区麹町6-5-1　Tel：03-3262-0282　Fax：03-3262-0615　http://www.jesuits-japan.org

人々の中でキリストに仕える者となるためには学問を身につける必要を感じ、アルカラ・サラマンカ、そしてパリの大学で哲学・神学を学んだ。創立の同士となるフランシスコ・ザビエルなど、そこに集う学生たちに自らの体験をもとに編まれた「霊操」を施し、キリストに従う決意を固めた六人の仲間と共に、誓願をもって生涯の奉献を行った。その後、エルサレムに行く望みが絶たれると、かわって、教皇の命に従って、どこにでも赴くことを決意し、各地に分散してゆく自分たちを「イエスの仲間」(Compañia de Jesús) と称することを決定し、一五四〇年九月二十七日には教皇パウロ三世により正式な修道会として認可された。

イエズス会は、こうした創立の経緯にならい、どこであっても、自分たちが必要とされる場所——いわば時代の最前線——に赴き、人々と教会に奉仕することを目指してさまざまな活動を展開してきた。霊操に記されているとおり、「すべてにおいて主なる神を愛し、仕える」ことを目的としているのである。

§おもな使徒職

イエズス会は、現在、教会司牧、海外宣教、教育事業、霊的指導、出版など、伝統的な使徒職に加え、変化する時代の要請に従い、難民や移住者のための活動、社会使徒職やエコロジー、諸宗教の対話などに力を入れている。特に、第二バチカン公会議と、それを受けて開かれた総会議以降、すべての活動において、「信仰への奉仕と正義の促進」をモットーに、福音宣教とともに、貧困や差別、抑圧や不正に苦しむ人々、また、そうしたことの原因となる社会構造そのものの是正に意識を向けるよう促している。

日本では一九〇八年の再来日後、上智大学（一九一三年）をはじめとして、神戸（六甲学院一九三八年）・鎌倉（栄光学園一九四七年）・広島（広島学院一九五六年）・福岡（上智福岡中高・旧泰星学園一九八二年）に展開する四つの中等教育機関を運営するとともに、東京（麹町聖イグナチオ教会）・神戸（六甲教会）・広島（祇園教会）・山口（山口教会）の教会や、中国地方（山口・島根地域）における宣教・司牧をはじめ、黙想の家（東京、鎌倉、広島、長崎）を拠点に行われる祈りや黙想の助け、社会司牧センター（東京、大阪、下関）を中心とした幅広い社会活動など、多岐にわたる使徒職を通して日本の教会に奉仕してきた。しかし、会員の減少という大きな問題を抱えながら、「時代の新しい最前線」をいかに捉え、キリストの呼びかけにどう応えてゆくか、今、新たな模索を始めている。

かつて、欧米から多くの若者が日本に派遣され、日本の教会、また、それぞれの事業の発展に貢献したが、近年、彼らに代わって、インド・インドネシア・ヴェトナム・韓国・アルゼンチン等、アジアや南米の諸管区から来日し、各分野で働く会員が増えている。また、数は多くないが、日本を出て、南米（ブラジル）や東南アジア（東ティモール）で現地の人々のため、彼らと共に福音のために働く会員もおり、また、隣国の教会との交流もさまざまなレベルで深められている。国内でも滞日外国人労働者の子弟のためのささやかな学び舎が静かな発展を続けている。

イエズス・マリアの聖心会《みこころかい》

§創立の由来・使命と目的

「イエズス・マリアの聖心会《みこころかい》」は、すべての修道会が激しい反宗教的迫害と抑圧を受けていたフランス革命のさなかに発足した。創立者であるマリージョセフ・クードラン神父は、数人の仲間を集め、イエズスとマリアの聖心《みこころ》に対する信仰を広め、宗教の復興のために生涯をささげる志を打ち明け、一八〇〇年のクリスマスの夜におごそかにこの奉献の誓いを立てた。

①創立年　②創立国　③創立者　④日本の本部

①1800年　②フランス　③マリージョセフ・クードラン神父
④〒309-1738　茨城県笠間市大田町1071　Tel：0296-77-0047　Fax：0296-77-0967

五年後パリのピクプス通りに荒れ果てた家屋を買い求め、そこに仲間と居を定めて修道会を発足させ、幾多の困難にもめげず、新たな修道院や大学、神学校を開設していった。

一八一七年十一月十七日ローマ教皇庁は、公文書「パストール・エテルヌス」(永遠の牧者)によって、新しい修道会に正式な認可を与えた。一八二五年、ハワイ諸島の宣教が委託され、さらに一八三三年にガンビア諸島が、一八三七年にはマルキセス諸島など、いずれも太平洋上の諸島へと広がり、現在はおよそ三十カ国において宣教に従事している。ハワイのモロカイ島でハンセン病患者に一生をささげたダミアン神父も本会会員の一人である。

本会のカリスマはイエスとマリアの聖なる心を慕い求め、祈りと奉仕、そして兄弟的交わりによってその愛を広めることにある。互いに支え、強め奉仕し合う誓願を立てた修道士・修道女はこの召命によって教会の宣教のために働き、すべての人、とくに貧しい人々と福音を知らない人々のために献身的に働くよう努めている。

§おもな使徒職

「イエズス・マリアの聖心会《みこころかい》」の日本での第一歩は、一九四九年七月二十三日アメリカからの三人の宣教師の来日から始まる。アメリカ東海岸管区の準管区として茨城県水戸市を中心として活動を始めてから六十年。現在は「日本・フィリピン管区」となり、茨城県で十一、山形県で四の小教区で司牧を担当し、さらに幼稚園四、保育園一、老人ホーム二を通して、乳幼児から高齢者まで幅広い年代の人々への奉仕を通して福音の喜びを伝える使命を果たしている。

イエスの小さい兄弟会

§創立の由来・使命と目的

一八五八年、フランスのストラスブルグで生まれたシャール・ド・フーコーは、多感な思春期に信仰を失い、無規律な生活を過ごしますが、軍人になり、モロッコ探検を機に神の現存に心を揺り動かされ回心します。二十八歳でした。

巡礼に赴いたナザレで、人となられた神、キリストの生きた姿を具体的に発見し、この時から全生涯をあげて神に身をささげ、

①創立年　②創立国　③創立者　④日本の本部

①1933年　②アルジェリア　③ルネ・ヴォワイヨーム神父
④〒640-8124　和歌山県和歌山市雄松町2-38　若松荘2階8号　Tel：073-436-8528　Fax：073-425-0981

キリストにつき従いたいと望みます。

司祭になり、アルジェリアのサハラ砂漠で、遊牧民であるトゥアレグ族の友であろうと努め、奴隷制度と闘い、言葉と文化を学び、トゥアレグの叙事詩を収集し、タマハク語の辞書を編纂します。こうして、福音を言葉で解き明かすのではなく、改宗を求めるのでもなく、生活そのものによって「福音を叫んだ」のです。

彼は、自分をイエスの小さい兄弟シャールと呼び、イエスの御体と御血のささげものであるご聖体の内に、神の現存と、傷ついた人類を癒やし救うその愛を見、他者へと向かい、人々の中に共にいるという友愛と献身の美しい模範を示しました。

一九一六年十二月一日、第一次世界大戦中、友であるトゥアレグ人の中に最後までとどまろうとするなか、武装グループに襲撃され、一粒の麦としてサハラ砂漠に落ちました。

彼は、使命を共にする仲間を待ち望みながら、たった独りで死んでいったのです。しかし、彼を燃え立たせた霊性は、その後、あらゆる民族、文化の中で、同じ呼びかけを聞いた人々によって引き継がれ、今も息づいています。

一九三三年、小さい兄弟ルネ（ヴォワイヨーム神父）がサハラ砂漠で、イエスの小さい兄弟会を創立しました。現在、兄弟の家は世界三十四カ国にあります。ほかにもシャールに連なる十七を超える霊的修道家族や信徒のグループが世界各地で活動しています。

§おもな使徒職

小さい兄弟たちは、祈りの人であることを熱烈に望みます。それは必ずしも、人々から離れて暮らすことを意味しません。かえって、自分たちの周りの人々の労苦に裏打ちされた祈りをしようとしています。人の心の傷みに寄り添い、社会に澱《よど》む閉塞感、いじめ、差別、暴力、災害の犠牲となり、圧迫されている人々――そういう人々にひかれ、向かっていく心が、小さい兄弟たちの心です。

少人数で営む兄弟の共同生活の中心は、ご聖体です。確かに、イエスはすべての兄弟の家にいらっしゃる。実際、兄弟の家は狭くても、祈りとミサのために小さな聖堂を造ります。そこで毎朝、仕事に出かける前に祈り、毎晩、仕事から帰ってくるとまた祈ります。イエスとの交わりを通して、兄弟たちは単純で開放された相互信頼を培い、それを持って、それぞれの職場で出会う人たちとの交わりを深め、友となり兄弟となることを目指します。

日本の小さい兄弟の家は、一九五六年に川崎の工場地帯で始まりました。兄弟たちは自分の手で働いて共同体を支えます。働きの場は、それぞれの兄弟に与えられた賜物とその時その場の状況に応じてさまざまです。たとえば、工場の派遣労働（夜勤）、不自由な人たちのための介護（高齢者、障害者）、ちり紙交換をして働く兄弟もいました。

唯一の模範はナザレのイエスの姿です。ナザレのイエスが歩まれたベツレヘムから十字架までの道を、自分も歩むことによって、小さい兄弟はどう生きるべきかを体得しようとしています。

この召命に従おうとする者を導くのは、イエスご自身です。イエスを人々に知らせるには、できるかぎりイエスご自身のふるまい、その生き様を模倣することが大切だと思っています。これは、宣教の手段の一つというよりも「愛に生きる」ことなのです。

エスコラピオス修道会

§創立の由来・使命と目的

エスコラピオス修道会は青少年教育を目的とする修道会です。

一五九七年、聖ヨセフ・カラサンスにより、ローマ郊外の聖ドロテア聖堂に子どもたちを集めて、世界で最初の無月謝の学校が開かれ、多数の教区付司祭の共鳴を得ました。

一六〇二年、教皇クレメンス八世により彼らは青少年の教育を目

①創立年　②創立国　③創立者　④日本の本部

①1617年　②イタリア　③聖ヨセフ・カラサンス　④〒153-0041　東京都目黒区駒場4-5-12　Tel：03-3467-1871　Fax：03-3467-4900

的とする在俗集団として認可され、同会は一六一七年「敬虔な学校の神の母の貧しいパウロ修道会（Congregatio Paulina Pauperum Matri Dei Scholarum Piarum)」の名称で通常誓願修道会として認可されました。一六二一年、グレゴリウス十五世により公式誓願修道会として認可され、翌年には会憲が承認されました。一七六七年、ヨセフ・カラサンスは、教皇クレメンス十三世によって聖人として荘厳に宣言され、列聖されました。一九四八年、教皇ピオ十二世は聖ヨセフ・カラサンスを「全世界のカトリック学校の保護者」として宣言しました。

聖ヨセフ・カラサンスは、自分の学校を「スコラ　ピア」(Schola Pia) と呼びました。「スコラ」とは、ラテン語で「学校」を意味し、そして「ピア」は敬虔、信心深い、愛と尊敬を表す「慈悲深い」という意味です。

エスコラピオス修道会の目的は、宗教・人種に関係なく青少年の人間的教育を通して、社会の刷新を図ることにあります。創始者である聖ヨセフ・カラサンスは「幼少期の教育」を重視したため、活動の重点は基礎的な教育におかれています。特にキリスト教要理教育を目的とした小・中学校教育が重視されています。

自分に与えられた才能を社会のために活かすというカラサンスの教育理念のもと、エスコラピオス修道会の学校はゴヤ、メンデル、モーツアルト、シューベルト、ハイドン、ガウディーなど、多数の歴史的人物を輩出しています。

また、エスコラピオス修道会は広く哲学・神学及び自然科学の分野にも着目し、ガリレオ・ガリレイやカンパネラを認めるなど、各々の時代における革新的な面に大いに貢献、神学校の指導や中欧における反宗教改革運動にも加わり実績を残しています。

§おもな使徒職

日本には、一九五〇年十月に同修道会の司祭二名が横浜教区に来日。以来、多数の会員が来日しており、青少年教育や、小教区司牧に携わっています。現在、四日市市と横浜市に小教区二つを有し、教育活動は、幼稚園および四日市市の海星中・高等学校を通して行われています。東京のカラサンス駒場修道院（修練院）は毎週日曜日に英語のミサを挙げ、宣教司牧に従事しています。

オブレート会（汚れなきマリアの献身宣教会）

§創立の由来・使命と目的

創立者であるウジェーンは一七八二年フランスの貴族の家に生まれました。フランス革命の影響を受け、家族と共にイタリアに亡命しました。そこで宗教的な影響を受けて司祭になります。

国だけでなく、教会を取り巻く状況は、精神的にも物質的にも荒れ果てていました。

①創立年　②創立国　③創立者　④日本の本部

①1816年　②フランス　③ウジェーン・ド・マズノ神父　④〒664-0856　兵庫県伊丹市梅の木5-3-21　Tel：072-784-2241　Fax：072-785-8671

キリストの価値観の再建が大切と考えた創立者は、一八一六年一月末に、オブレート会（保護の聖人は聖カロロ）を創立します。始まりは司教区立のプロヴァンスだけで働く会でした。なぜならたった五人の小さい会だったからです。その目的は会員の共同生活、地方教会での宣教の指導とエクスアンプロヴァンスの青少年のための使徒職活動でした。

しかし、創立者はこの活動をフランスの地方でとどめておくのではなく、世界に向けていきました。そして、ついに一八二六年二月十七日ローマから正式にオブレート会（保護の聖人は聖母マリア）「汚れなきマリアの献身宣教会」が認められました。

創立者はやがてマルセイユの司教に任命され、司教区の刷新にもかかわることになります。それでもオブレート会のためにも絶えず力を注ぎ、会士たちは、ヨーロッパを中心に、カナダ、南アフリカ、スリランカなどに派遣され、今では世界中に広がっています。およそ、今では四千名の司祭と修道士が活躍し、その活動を支えてくれている方々と共に福音宣教に携わっています。

創立者は一八六一年五月二十一日に神の元に召されました。彼の遺体はマルセイユのカテドラルの祭壇の下に埋葬されています。一九九五年十二月三日にヨハネ・パウロ二世により列聖され、今なお会士たちの模範としての役割を果たし続けています。

§おもな使徒職

会員の派遣されている場所にはそれぞれ「貧しい人」がいます。会員は、その方々と共に「福音」(よろこび)を伝えあうことを使命とし、日本ではいくつかの分野で活動しています。

まず、小教区での司牧、宣教活動があげられます。教区にいる司祭の数は年々減少していっています。司祭が不在のために巡回教会になる教会も増えてきています。そんな状況下にあって、これは大事な活動の一つと考えています。さまざまな教区で働いていますが、特にオブレート会は高松教区で働くことに力をいれています。今、最も小さなこの教区で働き始めたのは、その場所では宣教が困難なので、働く修道会がなかったからです。最も困難なところに行くというのが当時のオブレート会士の精神のありかたでした。

教育にもかかわっています。小教区に付属している幼稚園（六）がありますが、モンテッソーリ園として幼児教育にも携わっています。子どものころから主が望まれた平和を発信していくことも大切にしています。

若者の養成、召命のための援助者、同伴者としての役割を担うこと、在日外国人・難民といった方々の支援、そして社会的に貧しくされた方々への働きにも力をいれています。教誨《きょうかい》師、プロライフ、カリタスでの活動、今の教会のニーズに応えていくことを使命としています。

カプチン会（カプチン・フランシスコ会）

§創立の由来・使命と目的

アシジの聖フランシスコは一二二六年十月三日に亡くなりました。彼は平和の人、正義の人、大自然に親しんだ人です。そして、現代人の夢と理想を生きた人です。すべての召命は神からのものです。その中でも、カプチン会会員は、アシジの聖フランシスコの生活を聞いたり、読んだり

①創立年　②創立国　③創立者　④日本の本部

①1525年　②イタリア　③アシジの聖フランシスコ　④〒901-0152　沖縄県那覇市字小禄1　Tel：098-857-3795　Fax：098-857-3164

して、自分もあのような生き方をしてみたいと思うようになり、自ら進んでカプチン会の生活に入った修道者です。聖フランシスコの死後、三百年たって、フランシスコ会の内部から「原点に帰ろう」運動として始まったのがきっかけで、一五二五年、カプチン・フランシスコ会はできました。

会員は、清貧、貞潔、従順の誓いを立て、神と人々への奉仕のために聖別された司祭と修道士の修道団体のメンバーで、現代において父なる神と人間の兄弟愛の〈証し〉となる平和の道具です。半観想、半活動の生活をしています。つまり静かに祈りの生活をし、祈りのなかで得られたことがらを、さまざまな活動を通して分かち合います。

§おもな使徒職

一九四七年九月一日、奄美大島において、日本でのカプチン会の歴史は始まりました。二人のカプチン会の神父がアメリカから派遣され、奄美大島で二カ年宣教活動をしました。一九四七年から一九五二年まで奄美大島で、一九四九年から今日まで那覇教区で沖縄本島と宮古、八重山で、福音宣教活動を続けています。

沖縄は第二次世界大戦で悲惨な戦場になりました。肉親も住む家も失い心身共に傷ついた多くの人々のため、精神的にも実際の生活においても奉仕しました。始めは、わずか二、三人のキリスト者が発見されただけでしたが、やがて鹿児島で活躍中の有馬神父（当時は伝道士）やその他の人々、さらにその後に来島した司祭たちの助けが加わりました。

一九五五年の鹿児島教区の設立により、奄美大島地区は正式に鹿児島教区に編入され、一九七二年に沖縄は日本復帰し、那覇教区が誕生しました。

現在は、さいたま教区、那覇教区、福岡教区での小教区の司牧活動をおもに続けています。また、日本の歴史と深いかかわりをもち、幾多の苦難を背負った沖縄・奄美の教会の歴史の流れのなかで、カプチン会会員は島民と共に、キリスト者・修道士・修道者が連携して、平和のため、環境のため、人権のために働いています。

なお、那覇教区では、離島にある小教区の信徒たちや、米軍基地内にいる多くの外国人信徒への配慮がなされています。たとえば、聖週間の聖香油のミサは、信徒が参加しやすいよう水曜日の晩に行い、米軍基地内の従軍司祭共々ささげています。

毎年二月十一日の教区の日には、信徒、修道者、司祭が合同で、結婚や叙階や誓願の五十年、六十年の祝いをしています。祝賀会ではシスターや女性信徒たち手作りのごちそうがふるまわれ、最後は参加者全員の楽しい歌と踊りでとじます。

神の愛の宣教者会

§創立の由来・使命と目的

教会の歴史を通して神の霊は、貧しい人々に自分をささげ、彼らの貧しさを分かち合うようにとしばしば人々に霊感を与えてきました。すでに修道女としての誓願を立て、神に奉献していたマザー・テレサ・ボジャクシュも同じようにして神から深い呼びかけを感じたのです。一九四六年九月十日、彼女に〝召命の中の召命〟が訪れたのです。その後彼女は必要な許可を受け、コルカタの貧しい人々の中で活動を始めました。一九五〇年、神の愛の宣教者会（ＭＣ）は、教

①創立年　②創立国　③創立者　④日本の本部

①1963年　②インド　③コルカタの福者テレサ（マザー・テレサ）　④〒111-0021　東京都台東区日本堤2-2-14　Tel：03-3876-2864

区に属する女子修道会となりました。そして彼女は、数年貧しい人々の間で働いた後、同じ精神を生きる男子修道会の必要性を感じました。そこで一九六三年三月二十五日、男子修道会を創立しました。最初、彼らは神の愛の宣教者会のシスターの指導の下にありましたが、その後一九六六年にブラザーアンドレがブラザーたちの修道会に入会し、ブラザー（修道士）の養成と、MCにおいてブラザーの会に独自性を与えるという任務を引き受けました。男子修道会の歴史において彼が果たしてきた重要な役割ゆえに、わたしたちはマザー・テレサとともに彼を創立者と見なしています。本会の目的は、人々の直接的な必要に応えることによって、イエスの渇きを癒やすことです。わたしたちは、この単純な行為によって、イエスに仕えます。「わたしの兄弟であるこの最も小さい者の一人にしたのは、わたしにしてくれたことなのである。」（マタイ25・40）

すべてのMCブラザーは、貧しい人々への神の愛の運び手です。わたしたちは、教会の中で福音的勧告の清貧・貞潔・従順の誓願によって、神に奉献された者です。わたしたちはまた、世界中の貧しい人々の中で最も貧しい人のために献身するという特別な誓願も立てています。

神に奉献された会員は、派遣された国の人々の生活に合せて共同生活をします。ブラザーとしての生活は、神である父と子と聖霊との親密で躍動的な関係をもっています。そしてこの親密な関係は、祈りによる神との語らいと秘跡を通しての神との一致へとわたしたちを呼び求めます。わたしたちにとって生きることとは、キリストのために生き、あらゆる状況において貧しい人々の中で最も貧しい人の内にキリストを認め、愛することなのです。

祈りを通して生活の中で神を経験した後、朗らかな気持ちで貧しい人々のところに行きます。特に見捨てられた子どもたち・ハンセン病患者・物乞い・ホームレスの人々、アルコール・麻薬依存者、知的・身体的障害をもつ人々、そして病人、孤独な人、スラム・刑務所・病院にいる人、アパート住まいの老夫婦を訪問します。また、スラム学校で教え、貧しい教区ではカトリック要理を教えます。成人教育・職業上のリハビリテーションも行っています。これらの活動を通して神の愛を伝えるというのが使徒職の目的なのです。これらの活動は寛大な方々からの物質的・精神的な寄付による、神からの御摂理に全く頼っています。

§おもな使徒職

神の愛の宣教者会のブラザーたちは、一九七八年三月十日に来日して以来、東京大司教区に所属し、その共同体は山谷と呼ばれる古くからの下町にあります。活動は、特にこの地域の貧しい人々を中心にして行っています。わたしたちの近辺には日雇い労働者が大勢います。その中でもアルコール依存（症）・ギャンブル・孤独が大きな問題となっています。人々は社会から拒絶されていると感じているため、彼らにとって次の一日を生きることの意味を見いだすことは難しいのです。わたしたちは彼らの兄弟として祈り、彼らがもう一度「人間としての尊厳」を経験できるよう、ありのままの彼らを受け入れ、彼らの身の上話に耳を傾けます。

具体的な働きをのべますと、毎火曜日に三百六十人以上の人にご飯と味噌汁を、土曜日の午前十時半に食事（カレー弁当）を出します。これが活動のおもなものですが、喫茶、入浴、衣類の支給そのほか、彼らの必要にいつも応じる用意ができています。月に一度ミニ・コンサート、週に二度ビデオを見せて余興も提供して温かいもてなしができるよう努めています。

カルメル会（男子跣足カルメル修道会）

§創立の由来・使命と目的

カルメル修道会（カルメル山の聖なるおとめマリアの兄弟会）は、十二世紀の終わり頃に無名の西欧人のローマ・カトリック教徒たちによって誕生し、名前はパレスティナにあるカルメル山に由来しています。会は次第に発展してゆきますが、その後の歴史的な情勢によって、西ヨーロッパへ移り住んでゆくことになります。

①創立年　②創立国　③創立者　④日本の本部

①12世紀の終わり頃　②現在のイスラエル　③特定の創立者はなし　④〒456-0062　愛知県名古屋市熱田区大宝4-5-17
Tel：052-671-1558　Fax：052-681-6445

カルメル会士たちは、時代の趨勢《すうせい》に合わせて会則を改定し、托鉢修道会として歩み出し、十三世紀以降、スカプラリオの信心業と共に急速に成長を遂げてゆくこととなります。

十六世紀になると最初の会則（原始会則）の精神に戻り、修道生活を営もうとする動きが会内に生まれ、イエスの聖テレジアとその良き協力者、十字架の聖ヨハネにより進められてゆくことになります。その後、改革されたカルメル会は従来のカルメル修道会から分かれ、新たに跣足カルメル修道会として歩みだしました。日本のカルメル修道会（男子・女子・在世会）は、みなこの改革された跣足カルメル会に属しています。

「祈ることと愛すること、そこには何ものにも奪われることのない真実の喜びがあります」（カルメルで唱えられている祈りの一節）。カルメル修道会の使命は、祈りと観想を共に生き、伝えることにあります。共同体性を持ち、使徒職に開かれた形で、祈りと観想生活を生きます。神のみ前にとどまり、神が共におられることを心に留め、日々の生活の中で神との親しい交わりを生きます。神との友情の交わりである、沈黙の祈り（念祷）を大切にし、自分の存在、生活のすべてが、

一つの祈り、神への全きささげものとなることを目指しています

§おもな使徒職

日本の男子カルメル会は、中国大陸に宣教のために派遣されていたイタリアのヴェネツィア管区のカルメル会士で構成された宣教師たちが、大陸を追われ、一九五一年に来日したのが始まりです。

その翌年、ミラノ管区のカルメル会士たちが、日本に修道生活を伝えるため来日。東京そして京都に修道院を創立して、日本での生活を送り始めました。これら二つのグループは一九七八年に一つにまとまって、現在は日本総長代理区として歩みを進めており、東京・名古屋・京都・石川地区で活躍しています。

二〇一四年夏、インドネシアから二人の若い宣教師が来日し、日本人、イタリア人と共に、新たな歩みを始め、今後の活躍、会の発展が期待されています。今、神の呼びかけに応えようとするかたを待っています。おもな使徒職は、

①教会司牧＝東京（上野毛）、名古屋（日比野・八熊）、石川地区（県全域）では、小教区を受け持って教会での司牧に奉仕しています。

②黙想指導＝東京（上野毛）・京都（宇治）に黙想の家を持ち、各種黙想指導や霊的指導を行っています。

③幼稚園＝名古屋・石川では、幼稚園教育にも携わり、神さまのことを子どもたちに伝える大切な役割を果たしています。

④カルメル在世会＝北海道から九州まで、各地にあるカルメル在世会（カルメルの霊性に生きる信徒の共同体）に霊的な奉仕をしています。

キリスト教教育修士会

§創立の由来・使命と目的

フランス革命の直後、ブルターニュの北西地方にあるサン・マロの港町で生まれ育ったジャン・マリー・ド・ラ・ムネーは、司祭となり、ブルターニュ地方の男子の児童たちのために、キリスト教的初等教育を行うキリスト教教育修士会を一八一九年に創立しました。彼は四十年間にわたってその修道会の指導者としての任を勤めました。八十歳で亡

①創立年　②創立国　③創立者　④日本の本部

①1819年　②フランス　③ジャン・マリー・ド・ラ・ムネー
④〒231-0837　横浜市中区滝之上1　Tel：045-621-1974
Fax：045-622-1814　Webサイト：Lamennais.org

くなった時には、ブルターニュ中のほとんどの町や村に、彼が創立した修道会の経営する学校が建っていました。その後、フランス全土をはじめ、カナダ、アメリカ、イギリス、スペイン、イタリア、南米、アフリカ、そしてアジアの日本、フィリピン、インドネシアなどの国々へおよび、現在二十一カ国の百三十校でキリスト教教育修士会が活動しています。

「わたしが学校をつくったのはイエス・キリストを知らせるためである」と創立者は宣言しました。これに従って、当修道会の経営母体になっている学校の使命は、全生徒にイエス・キリストのことを教え、ミサやその他のお祈りを通して学校全体にキリスト教的な雰囲気をつくることによって、カトリックの宗教を子どもたちになじませることと考えています。いわゆるキリスト教諸国においては、生徒が忠実な信者生活を送るように司牧活動を行い、また日本のように大多数の生徒が未受洗者の場合は、宣教に努めます。このようにして、創立者の方針、すなわち学校を手段として、子どもたちに対して宣教司牧活動を実践することを使命としています。

§おもな使徒職

当会は、世界のさまざまな国で学校の経営をするにあたり、それぞれの国の教育制度に合わせていますので国によって福音宣教の行い方が多少変わります。ここで、幼稚園から高等学校まで、我が日本の教育施設で行うおもな使徒職にかぎって述べたいと思います。

幼稚園 全員の園児＝●毎日朝の祈り、食前、食後の祈りを。三歳から六歳の園児＝年齢に応じて「聖書を語る会」または「聖書を読む会」●クリマス会での聖劇●聖堂において、月ごとの「誕生日会」●毎週、保護者のために「聖書を読む会」を自由参加で開催。

小・中・高等学校 ●全生徒のために、放課後に週一回の一時間の聖書研究会の授業（中一年生）●中一・中二のカリキュラムには週一回の宗教科の授業●全校ミサが、入学式、卒業式、創立記念日等に合わせて四、五回●月ごとの決まった「聖句」が校舎内に掲示され、聖句を決めた先生がそれについての全校宗教朝礼を行う●全学年の希望者のために、放課後に自由参加の聖書研究会（数十人参加者あり）●キリスト教徒（カトリックに限らず）のグループを作り、別途のキリスト教研究会やその他の活動に参加し、学校の聖堂において月一回のミサに与《あずか》る●小・中・高等学校の各々の生徒のために、年に一度自由参加の二泊三日の練成会●ミサ以外に、いくつかの全校の宗教行事（慰霊祭、灰の水曜日の儀式、学年別の月々の校長による宗教朝礼など）

職員の全員が毎年、信徒、未受洗者を問わず、三日間の黙想会に参加します。

四つの教育施設は、次のとおりです。

①St. Mary's International School（東京都）
②聖光学院中・高等学校（横浜市）
③さゆり幼稚園（横浜市）
④静岡聖光学院中・高等学校（静岡市）
（写真は静岡聖光学院）

クラレチアン宣教会

（マリアの汚れなきみ心の子宣教会）

§創立の由来・使命と目的

クラレチアン宣教会は、スペイン・カタルーニャ州のビックで、聖クラレットが四人の司祭と共に一八四九年七月十六日に創立した修道会です。当初は小さな会でしたが、「神の御言葉・よき知らせをすべての人に伝えたい」という熱意に燃えていました。この想いに突き動かされて、まず中南米や赤道ギニアなどスペイン語圏へと急速に

①創立年　②創立国　③創立者　④日本の本部

①1849年　②スペイン　③聖アントニオ・マリア・クラレット
④〒535-0001　大阪市旭区太子橋1-1-27　Tel：06-6951-5018　Fax：06-6956-0338　http://ea.asclae.com/

広まり、そしてさらに、他のヨーロッパ諸国やアジアまたアフリカ全体へと宣教の業を繰り広げていきました。現在では世界六十四カ国でおよそ三千人の会員が宣教の業に励んでいます。

クラレットが生きた時代は、まさに社会が信仰から離れ始めた時代でした。そのような潮流の中で、人々の心はどんどん冷たさと暗闇へとさまよっていきました。このような時のしるしを見て、クラレットは多くの人々が神の御言葉に渇いていると確信し、歩きながら宣教を始めました。しかしクラレットは、自分ひとりでは限界があると実感します。また彼は、当時の司祭たちの教育のレベルの低さを痛感し、同時に地位や名誉を重んじる聖職者たちのことを嘆いていました。そこでクラレットは使徒たちの姿に倣い、祈りのうちに共に生活し、宣教の準備をきちんと行い、そして神の御言葉を人々に伝えていくことができるようにと、この会を創立したのです。

またクラレットは「聖母マリアの汚れなきみ心」にこの会のご保護を願いました。これは聖母の「汚れのなさ」を通して、この世にはびこる悪や不正義と闘うという想いの表れでもありました。また聖母が神の御言葉を心にとめていたように、クラレチアン会の宣教者も御言葉を聞き、祈り、世へと伝えていく使命を受けています。こうしてわたしたちは、ご自分のすべてをささげたイエス・キリストに倣い、神の愛の炎ですべての人が照らされるよう働いているのです。

§おもな使徒職

クラレチアン宣教会にとって最も重要な使徒職は「御言葉の奉仕」です。ただその手段については「それぞれの時代や場所において最も必要とされていること、最も適切なこと、そして最も効果的なこと」を通して行うようにというのが会の精神となっています。このフレキシブルな態度こそ、時のしるしに敏感だった聖クラレットが思い描いた宣教者の姿でした。

そのため世界においては、宣教事業はもちろん、小教区司牧、学校の運営、出版やマスメディア事業、社会正義や環境保全の促進、青年司牧、神学・聖書研究、社会で疎外されている人々や移住者への司牧、貧しい人々の生活支援、薬物依存者のケア、障害者教育、男女奉献生活者の指導など、可能性は無限に広がっています。

　また近年では特に「会員ではない人々や組織と協力すること」、すなわち「Shared Mission」が大切にされています。その中でも特に信徒の方々と協力することによって、より広い視点から神の国のために働くことが求められています。

　日本への初来日は一九五一年で、当初はおもに大阪府内で活動していましたが、後に名古屋、東京に広まり、小教区での司牧、幼稚園の運営、外国人移住者のケアなどが主となっています。一九七八年には東京にも神学生養成と青年司牧の共同体が建てられました。現在は四つの共同体を拠点として、会員がそれぞれ自分に委ねられた使徒職を通して宣教に励んでいます。

（写真右は叙階式後、左は誓願式中のもの）

御受難修道会（主イエス・キリストの御受難修道会）

§創立の由来・使命と目的

若き創立者は、一方では、神と共にある深い孤独への憧れを抱いた。また、もう一方では、仲間を集めて、イエスの十字架に顕れた神の愛を人々に告げ知らせたいという願いを抱いた。「神に向かう孤独」と「人々への働きかけ」、この二つの中心が互いに支え合うような生活が御受難会員の求めるもので

①創立年　②創立国　③創立者　④日本の本部

①1720年　②イタリア　③パオロ・ダネオ（十字架の聖パウロ）　④〒665-0854　兵庫県宝塚市売布山手町10-1　Tel：0797-84-3111　Fax：0797-86-7724

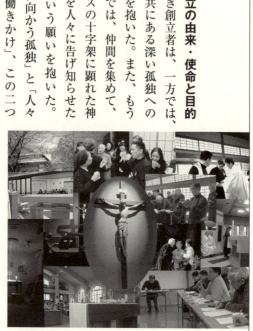

ある。

十八世紀は新しい修道会を創立するのが非常に難しい時代だったが、創立者は一七二〇年にまず会則を書き上げ、そして粘り強く仲間を集めた。長い試練と遍歴の後に、一七四一年、時の教皇から会則の認可を受けることができた。創立の趣旨からして、初期の修道院は人里離れた所に建てるのを常として、隠棲所《いんせいじょ》（リティーロ）と呼ばれた。そこで深い祈りと黙想の共同生活をして、そこから精力的な使徒的活動に出掛けた。

当時のイタリアは、名目上はほとんどの人がカトリック信者だったが、実際は宗教的な導きが乏しかった。特に地方の農村ではそれが甚だしかった。御受難会員たちは、そのような村や町を巡り、一つの場所に長期滞在して、説教・講話・カテケージス・祈りの指導・ゆるしの秘跡・争いの調停などに励んだ。会員たちが自分で黙想した実りを説教の形で信者たちに伝えるだけでなく、信者たちが自分で祈って、神の神秘に触れることができるように努めた。「大衆的な祈りの仕方を親切に教える」ことは、御受難会の特徴的な使徒職である。

「メモリア・パシオーニス」（御受難の想起）が御受難会の標語である。創立者のメッセージは、「イエス・キリストの御受難は神の愛の最高の顕《あらわ》れである」というところにある。キリスト者が深い霊性に達する最も確実な道は、「イエスの受難と十字架」を黙想することであると考えた。そして、その黙想の仕方を熱心に教えた。俯瞰《ふかん》的に言えば、「イエス・キリストの御受難の出来事の記憶を、教会と世界の中に維持すること」が御受難会の使命であると言える。

§おもな使徒職

多くの修道会の例に漏れず、御受難会も創立後三百年を経た今では、世界各国でその地域の必要に応じるために多様な使徒的活動に携わっており、限定された専門分野というべきものはない。しかし、創立の由来からして、信者に向けての説教と講話、そして祈りの指導を重視する伝統は今でも残っている。

初期の御受難会は地方の教会を巡回する機動性を維持するために、小教区を預かることを避けてきた。しかし、アメリカ合衆国に入ってからは、状況に適応するために小教区を預かるようになった。今では、どこの国でも普通のことである。また、初期の御受難会は宗教的な指導を重視していて、社会福祉活動的な側面はあまり見えなかった。しかし、イエス・キリストの御受難と「人々の受難」は切り離せないと考えるようになり、今では貧しい国や地域で働く会員も多い。

一九五一年に、アメリカ西部管区（シカゴ管区）から日本に宣教師が派遣された。現在、施設としては、二つの小教区（大阪教区）と二つの「黙想の家」がある（宝塚と福岡）。他に、東京に修道院がある。会員たちはそこで働き、また各地で黙想会や研修会を指導している。信徒のための個人的な霊的指導も重視している。

コンベンツアル聖フランシスコ修道会

§創立の由来・使命と目的

創立者は、裕福な商人の家に生まれ、若い頃は騎士を目指しました。しかし挫折や病を経る中、神によって徐々に心を変えられ、ハンセン病者と深く交わり、十字架のキリストからの語りかけを感じていきます。遂には家族と別れて質素な生活を始め、「福音を生きるように」との神からの招きを強く感じて決定的に新しい歩みに着手しました。

①創立年　②創立国　③創立者　④日本の本部

①1209年　②イタリア　③アシジの聖フランシスコ　④〒177-0051　東京都練馬区関町北 4-12-10　Tel：03-3929-4103　Fax：03-3929-4954　http://www.ofmconv.jp/

聖フランシスコが目指したのは、聖霊に大らかに息吹かれ、愛のうちに徹底してへりくだられたキリストのように生き、御父の望みを心から生きること。被造物に和解の手を伸べてくださる神の限りない愛を、福音書・受肉・聖体・十字架のうちに特に感じ、神のもとでの真の和解に皆と共に深くあずかることを目指しました。

会員は各地で宣教し、聖フランシスコ自身もエジプトでイスラムのスルタンと友情を結び、この世のすべてのもの、死さえも、神の子ども、兄弟姉妹と呼んで大切にし、共に神を賛美するよう招きました。神の限りない愛を、深い喜びとへりくだりのうちに、できるだけ多くの被造物と創造的に分かち合わせていただく生き方が、本会の根底に流れています。

会は短期間に聖職者も増え、司牧活動を教会から求められます。街中の大きな修道院と教会にて、学問の充実、文化の発展、人々の和解に従事する会員も増え、このグループは一二四〇年代からコンベンツアル派と呼ばれ、会の主流となります。一方、隠遁と観想を大切にし、徹底的な清貧を目指すグループも次第に生じます。後者は徐々に増え、両派の間とそれに従う民衆の間に、会の精神にふさわしくない争いが生じました。
一五一七年に教皇が会を二つの派に分割すると、コンベンツアル派は迫害も受け弱体化します。しかし会は創立八百周年を経て、聖フランシスコの精神に創造的に従って兄弟と共に福音を生き、神の愛を分かち合う使命をあらためて強く意識しつつ歩んでいます。

§おもな使徒職

本会を日本にもたらしたのはポーランド人、聖マキシミリアノ・マリア・コルベ。彼はローマ留学中、カトリック教会に対立する種々の外部勢力の存在に心を痛めました。そこで、本会において大切にされ続けた無原罪の御宿りへの信心とイエスのみ心の信心を合わせ、けがれなき聖母の騎士信心会を始めます。「聖母を通してすべての人をキリストの愛のみ心に導く」ことを目指し、聖フランシスコの精神に従い、熱心に宣教活動を展開しました。宣教の熱意から、一九三〇年に来日し、わずか一カ月で日本語の雑誌を発行。言語、文化、環境がかなり異なるなか、六年間、長崎を中心に、おもに出版を通して熱心に宣教しました。帰国後、第二次世界大戦が勃発。連行されたアウシュヴィッツ強制収容所では、深いいつくしみと聖母への愛によって人々を慰めますが、ある男性の身代わりとして餓死刑を受け、最期まで牢獄で囚人を励まして亡くなりました。

六十カ国以上で働く本会は日本においても、小教区での司牧、幼稚園・小学校・中学校・高等学校での教育、児童養護施設と高齢者施設での福祉、聖母の騎士社を通しての出版などさまざまな活動を、東京、愛知、兵庫、大分、長崎、奄美大島、沖縄で展開しています。会員には弱さや欠点もありますが、神の愛と平和を分かち合うよう励んでいます。

サレジオ修道会

§創立の由来・使命と目的

サレジオ会とは、青少年への教育と交わりを通してキリストの愛を伝えるために働くカトリックの司祭と修道士による修道会です。青少年、特により貧しい立場にいる青少年のために自分の生涯をささげていきます。わたしたちの司牧活動の目的は、キリストの愛を伝え、生活を共にする教育を通して、若者たち自身の内にある可能性を成長させることです。

①創立年　②創立国　③創立者　④日本の本部

①1859年　②イタリア　③聖ヨハネ・ボスコ　④〒160-0011 東京都新宿区若葉1-22-12　Tel：03-3353-8355　Fax：03-3353-7190

●青少年が愛されているとわかるように

一八〇〇年代半ば、イタリア北部の町のトリノでヨハネ・ボスコ神父は青少年たちのために「オラトリオ」という新しいスタイルの教育事業を始めました。彼は、社会の中で放置され、見捨てられた青少年の人間形成に尽くし、そこに全生涯をささげました。

「ドン・ボスコの教育法」と呼ばれるまでに、彼の青少年との接し方には特徴がありました。それは、予防教育法と呼ばれ、青少年の内におられる神を見いだし、青少年自身が備えている理解力と、良心を生かすこと、そして「若者をただ愛するだけでは足りません。若者自身が自分は愛されていると感じるように愛さなければいけません」というドン・ボスコ自身の言葉に表されているように、青少年自身が真に愛されていると実感できるような「共にいる教育（アシステンツァ）」を大切にしました。

オラトリオにおけるドン・ボスコとのかかわりの中で、若者たちの中にはドン・ボスコと共に働きたいという召命が育まれ、ドン・ボスコのように青少年たちのために自分の人生をかける誓いを立てる者も出てきました。こうして神との出会いのうちに、青少年自らが善と幸せを求めて生きていく選択ができるように促す道を、ドン・ボスコと共に生きる修道共同体として歩み始めます。そして、ドン・ボスコは柔和の聖人である聖フランシスコ・サレジオを模範として選び、そのグループに「サレジオ会」という名をつけました。

ドン・ボスコが香部屋で遭遇した一人の少年との出会いをきっかけに、一八五九年十二月十八日以降、からし種として始まったサレジオ会は現在、世界百三十カ国以上、約一万五千人の会員からなる修道会となりました。

「君たちが若者だというだけで、わたしは君たちを心から大切に思う」とドン・ボスコが言ったように、サレジオ会員は、この精神のうちに多くの青少年たちとのかかわりを通して、互いの親交を深めたいと願っています。

§おもな使徒職

一九二五年、サレジオ会宣教五十周年記念として日本への派遣が決定し、チマッティ神父を団長に、翌一九二六年二月八日に来日しました。一九二八年に大分、宮崎両県の司牧が委託され、以後多岐にわたる宣教司牧を続けてきました。

現在は、東京教区、横浜教区、大分教区にある小教区でのユースセンター活動での司牧をはじめ、教育機関としてさまざまな意味で貧しさを抱える青少年の尊厳を見つめつつ、彼らの人間形成に向けて教育事業で司牧にあたっています。サレジオ修道会神学院（一）、ジュニア・シニア志願院（二）、サレジオ工業高等専門学校をはじめ、中学・高等学校（三）、小・中学校（一）、幼稚園（五）。また、社会福祉施設（二）、ドン・ボスコ保育園での働きもあります。その他、ドン・ボスコ社として雑誌「カトリック生活」・単行本などの出版活動を行っています。

なお、ドン・ボスコ海外青年ボランティアグループでの活動は二〇一五年で二十周年を迎えました。

（写真は野尻湖少年聖書学校より）

淳心会（聖母マリアの汚れなき御心修道会）

§創立の由来・使命と目的

淳心会は、ベルギーのマリン大司教区の教区司祭として叙階された、ティオフィル・ヴェルビスト神父（一八二三―一八六八年）により創立された宣教修道会です。「聖母マリアの汚れなき御心修道会」が正式な名称です。

ヴェルビスト神父はかねてより不幸な子どもたち、見捨てられ顧みられない貧しい子どもたちに関

①創立年　②創立国　③創立者　④日本の本部

①1862年　②ベルギー　③ティオフィル・ヴェルビスト　④〒670-0012　兵庫県姫路市本町68-44　Tel：079-222-0082　Fax：079-222-8630

心を示していました。彼は、司祭になってからもそのような子どもたちの世話を続け、一八六〇年「ベルギーの児童福祉の指導者」に指名され、その仕事にすべてをささげました。それと同時に、中国での宣教活動と中国の子どもたちにも大きな関心を示していました。それは当時、約八億の民を抱えていた中国の人々に、「託身されたみことば」・「福音」を伝えたいとの熱望のあらわれであったと同時に、その子どもたちの世話と奉仕への夢でもありました。

彼は、最初の同志と共に宣教修道会を興し、その目的を非キリスト者の回心、特に中国への信仰伝道と、その地の打ち捨てられた多くの児童救済に据えたのです。そして一八六二年十一月二十八日、この宣教修道会はメヘレン司教区の司教認可を受け、その後最初のグループは、聖母マリアの巡礼地として名高いブリュッセル郊外のスクートに居をかまえて共同生活を始めました。そのため、ベルギーではその地名から「スクートの宣教師たち」の名で呼ばれるようになりました。これが、通称「スクート会」の起こりです。

一八六四年十月二十四日、彼とその同志は、清貧、貞潔、従順の三つの修道誓願を立てました。そしてその時、合わせて修道会の目的とする宣教の使命を果たすために、外国宣教に赴くことを全面的に受諾すると約束したのです。

ヴェルビスト神父は、一八六五年八月二十五日、最初のグループと共に中国へ出発しました。そして宣教のさなかにチフスに罹《かか》り、宣教に着手してから三年もたたない一八六八年二月二十三日、内蒙古の老虎溝《らおふこう》において四十五歳の若さで帰天したのでした。その後、彼の後継者たちである会員は創立者の範にならい、福音宣教のため続々と祖国を後にし、海外へと派遣されていきました。

§おもな使徒職

本会の日本地区は、一九四八年大阪の田口司教の依頼によって設立され、姫路を原点に布教に励んできました。現在、日本管区には四十四名の会員が属しており、東京・大阪・広島の各教区で活躍しております。

一九九五年以来、当地区のミッション・プロジェクトは次の分野を優先にしようと決めています。共同宣教司牧、働く青年（ＹＣＷ）への協力、諸宗教と学校の青少年との対話を。オリエンス宗教研究所では、児童の宗教教育のために「こじか」誌など、信徒のためには月刊誌「福音宣教」を、そのほか典礼、聖書、キリスト教一般の単行本を出版し、カトリック通信講座（一九七二年開講）も長年続けています。これらの各分野で、谷間に追いやられた人々を顧慮し、正義と平和に取り組むことにしております。

神言会 （神言修道会）

§創立の由来・使命と目的

アーノルド・ヤンセンは一八三七年プロイセン国ミュンスター教区に生まれ、一八六一年ミュンスター教区司祭に叙階され、ボッホルトの高等学校教員に任命された。

ヤンセンは「祈祷の使徒会」の活動を通して海外宣教に強い関心を抱いた。当時ドイツには宣教神学院が無かったのである。ヤンセンは、その必要性を司教や教会有識者に説いたが、結局は自

①創立年　②創立国　③創立者　④日本の本部

①1875年　②オランダ　③アーノルド・ヤンセン　④〒466-0835　愛知県名古屋市昭和区南山町 11-2　Tel：052-831-5726　Fax：052-835-4034

分がこれを始めなければならないことを決意した。

しかし、折あしくドイツでは教会の自治が著しく制約されたいわゆる「文化闘争」の最中であった。このため、ヤンセンはドイツとの国境に近い隣国、オランダのシュタイルに土地と小さな建物を求めて、三人の同志と宣教神学院を開設した。やがてヤンセンは、この宣教神学院を宣教修道会の組織にし「神言修道会」と名付けた。

ヤンセンは、神言修道会を「みことばの光と聖霊の御恵みによって罪の暗闇と不信仰の夜は消え失せ、イエスの聖心がすべての人々のうちに生きますように」というモットーのもとに、宣教活動をその目的と定めた。

ヤンセンは、この目的を実現するために、非キリスト教国での直接宣教はもちろん、出版などのメディアによる宣教、自然科学の高度な研究に裏付けられ学問的批判に応えうる宗教教育を行う学校経営、さらに信仰教育の不十分なカトリック国におけるいわゆる再宣教など、あらゆる手段を取り入れる意図を持っており、一九〇九年に帰天するまですでに会員をこれらの活動に従事させていた。

§おもな使徒職

日本には一九〇七年に渡来し、まず秋田県から順次福井県にいたる日本海側諸県の宣教司牧を担当した。一九二二年、愛知、岐阜両県も担当した。

戦後、山形、新潟、富山、石川、福井、岐阜各県を順次教区や他の会に引き継いでもらい、愛知県半分と秋田県全部のほか、新たに東京・吉祥寺教会と長崎・西町教会を担当した。

一九三〇年、岐阜県多治見市（当時は豊岡町）に修道院を建立し、来日会員の日本語教育、邦人会員（司祭、修道士）の養成、ぶどう園によるワイン生産を始めたが、現在では修練院、多治見教会、高齢会員居所、黙想の家などに活用している。

一九三二年、名古屋市に南山中学校を開設した。戦後、南山学園として南山大学、南山短期大学（現在は南山大学短期大学部）、三つの中学・高等学校、小学校を運営している。一九五二年、長崎に長崎南山学園・長崎南山中学・高等学校を、一九六〇年、長崎に長崎第二南山学園・南山小学校を開設した。

　一九五〇年、名古屋に司祭養成機関である神言神学院を設立し、一九六六年に南山大学の隣接地に新築移転した。ここでは邦人会員に限らず、海外から来る会員の養成や、他の会の司祭養成も委託されている。また「教皇庁認可神学部」としての機能も有している。なお一九五六年、長崎に聖ルドヴィコ神学院を開設した。

　その他、滞日外国人信徒司牧のための「三河カトリックセンター」の運営をはじめ、会員が自発的社会活動（カンボジア難民救援活動、フィリピン学校建設活動、福音館炊き出しの家、インド学校建設支援活動、病院ホスピスのチャプレンなど）を行っている。

聖アウグスチノ修道会

§創立の由来・使命と目的

十三世紀のイタリアでは商工業の発達に伴って都市に人口が集中するなか、その司牧的な必要も急激に高まっていた。当時のトスカーナ地方には共住生活を基本にしながらも隠修士的な生活を送るグループが複数存在していたが、これらが合併して一つの修道会則また一人の総長のもとに一つの修道会として出発する許可を隠修士たちは聖座に願い出

①創立年　②創立国　③創立者　④日本の本部

①1244年　②イタリア　③教皇インノチェント四世　④〒852-8023　長崎県長崎市若草町 6-5　Tel：095-844-9208　Fax：095-843-6910

たのである。当時の教皇インノチェント四世は吟味のうえで書簡を発布し、こうした隠修士の諸グループに対して「聖アウグスチノの会則」をもとに一つの修道会としてまとまるようにとの呼びかけを行った。

一二四四年の三月に彼らはローマにおいて最初の総会を開催し、ここに聖アウグスチノ修道会が誕生したのである。当時盛んであった清貧運動の種々の流れのなかで、教会の一致を確保するために一定の方向性を与えようとした教皇庁の主導と、信徒の司牧の必要に応えたいという隠修士たちの意向が一致した結果として誕生した修道会であると言える。

右に述べた会創立の経緯に加えて、本修道会にはもう一つの重要な基盤がある。それは言うまでもなく四～五世紀にかけて北アフリカのヒッポで活躍した司教聖アウグスチノの思い描いた修道生活の理想である。それは彼が司教叙階後まもなく書かれたとされる上述の「会則」に端的に表現されている。「あなたがたがここに集まっているおもな目的は……魂と心を一つにして神に専念し、互いに和合して生きることである。」「お互いのうちに在《いま》す神を崇《あが》めなさい。あなたがたはそれぞれ神の神殿となっているからである。」（「会則」第一章）これらから、共に神を探し求める兄弟たちが互いのうちにおられる神の働きを明確に意識しながら、受け入れ支え合うことを通して神との交わりを深めていく共同体の在り方を聖アウグスチノがいかに重視しているかが伝わってくる。しかしこの交わりは同時にキリストのからだである全教会共同体へと開かれており、使徒職はより広く兄弟姉妹に仕えることで頭であるキリストご自身に仕える場となるのである。

§おもな使徒職

一五八四年に二名の会員がフィリピンを経由して平戸に漂着、さらに一六〇二年にはスペイン人宣教師がマニラから来日し、大分県豊後地方で宣教を始めた。一六一二年には長崎にサン・アグスティン教会が建てられ、第三会や「帯の会」といった信心会・信徒の協働組織が設立されて多くの信徒が宣教師たちと共に宣教に従事した。しかしその二年後には宣教師追放令が出され、教会は早々と取り壊されて宣教師、信徒たちは迫害のさなかで密《ひそ》かに活動を続けることになるが、やがて多くの殉教者を出すこととなった。一六三七年に起こったトマス次兵衛神父の殉教によりアウグスチノ会の活動もここで途絶えることになる。

その後三世紀を経て一九五二年に米国から三名の会員が来日、長崎教区の城山地区で小教区司牧と学校教育を通して宣教活動を始めた。続いて一九六一年に福岡教区の笹丘教会、一九六四年に名古屋教区の港教会、一九六九年には東京教区の葛西教会で活動を始め、それぞれの場で共同生活を通して使徒職に従事し、信仰共同体の育成に力を注いでいる。また横浜教区でも小教区を中心として宣教活動に従事してきた。小教区司牧の他には、カトリック学校における宗教教育、港湾に赴いて行われる船員司牧といった分野においても教会の必要に応えている。

聖ヴィアトール修道会

§創立の由来・使命と目的

聖ヴィアトール修道会はフランス革命後まもない十九世紀、フランスのヴールで誕生しました。当時、政治は定まらず、社会不安が渦巻いていました。特に地方におけるキリスト教教育は、そのような状況のなかで顧みられることはなかったのです。

そこでリヨンの教区司祭ルイ・ケルブは、四世紀の優れた教育

①創立年　②創立国　③創立者　④日本の本部

①1831年　②フランス　③ルイ・ケルブ神父　④〒606-8261
京都府京都市左京区北白川西蔦町 22　Tel：075-781-5884
Fax：075-787-5428

者であり、街の守護の聖人である聖ヴィアトールから名をもらい、聖ヴィアトール修道会を創設しました。青少年に教育を施す必要性を感じたケルブ神父は、信仰深く学識に富む聖職者および世俗カテキストたちを地方の教区学校へ派遣することを考えだしました。同時に、教区の司祭を助けることも役割の一つでした。

一八三一年十一月三日に司教が修道会を承認したことに続き、一八三八年九月二十一日には教皇が修道会を承認しました。

青少年の教育と宣教を目的として、フランスをはじめカナダ、スペイン、アメリカ、日本など、十七カ国で多数のヴィアトール学園を経営しています。

ケルブ神父はヴィアトール会員一人ひとりに対して、次のモットーを霊的生活への指針として呼びかけました。「情熱を見よ。それはより激しく、より生き生きとしており、より熱心な愛である。情熱というのは行動に示された神の愛そのものだ。それは優しさであり、共感であり、謙虚さである。情熱とは完全な意味での慈善である。」

ケルブ神父がモットーとした次の言葉は、ヴィアトール会全体にとってのモットーであり続けています。「イエスが崇《あが》められ、愛されますように。」

――ヴィアトール共同体について――

ヴィアトール共同体はヴィアトール会の聖職者と準会員と呼ばれる信徒から構成されています。そこには、男性も、女性も、独身者も、既婚者も、そして教区司祭など、さまざまな立場の人が含まれています。

ヴィアトール共同体の使命は、イエス・キリストとその福音を宣べ伝え、信仰を生かし、深め、記念する共同体を育てることです。

準会員もこの使命に対する責任を共に負っており、教育者やその他、司牧者、職業人、家族構成員として、その目的の実行に努めることになります。特に現代世界において打ち捨てられた人々、若い人々に福音を伝え、平和と社会正義のために身をささげます。子どもや大人たちに要理教育を施し、典礼生活を実践します。

聖職者と信徒からなる共同体、というケルブ神父の夢は今や現実のものとなりました。ヴィアトール共同体に息づく彼のカリスマ（神から与えられた賜物）は、いつの世の人々にとっても同じように聖霊からの賜物なのです。

§おもな使徒職

一九四八年に来日。京都の洛星中学校・高等学校を経営し、神父およびブラザーと呼ばれる会員が、全教職員と共に教育者として向上し、その使命を果たすことのできる環境の整備・充実に努めています。

ルイ・ケルブ神父は、小教区で働くのにふさわしい教育を受けた者、要理教育者や典礼に通じた者の必要性にも目を向けていました。

こうして、ヴィアトール修道会は、行動的かつ協調的なやり方で、人々の信仰を深め、賛美するよう地域の教会と協力して会の使命を果たしています。

ヴィアトール修道会は京都教区の司教や司祭と協力し、意見交換をするよう心がけています。

聖ザベリオ宣教会

§創立の由来・使命と目的

聖ザベリオ宣教会は一八九五年にイタリア・パルマ市の司教、グイド・M・コンフォルティによって創立された宣教会であり、同時に修道会でもあります。彼は貧困・社会的不均衡・闘争・大戦争など、苦しみが多い時代に生き、そんな世の中にあって、「神の愛こそが人類を救い、和解・連帯・協力と平和を生みだす唯一の力」であると確信しました。当会は

①創立年　②創立国　③創立者　④日本の本部

①1895年　②イタリア　③聖グイド・マリア・コンフォルティ
④〒598-0005　大阪府泉佐野市市場東1-103-1　Tel：072-464-3966　Fax：072-464-3969

一五四九年に来日したフランシスコ・ザビエルの宣教活動を見本として、全世界をキリストの名によって一つの家族、神の家族にすることを目指して、世界十九カ国で福音宣教に励んでいます。最初は中国でのみ活動していましたが、政変によって迫害され、追放されたため日本に渡り、続いてアジア、アフリカ、南米などに活動を展開しました。

宣教師を世界に送り出す際に、創立者は次の言葉で、そのおもな使命を示しています。

「すべてにおいて神を見、神を探し、神を愛する」

すべての人の中におられる慈しみ深い神さまの姿と働きを読み取り、それを認め、愛するために、宣教師はすべての人の友となり、人々の間の隔たりを取り除き、真の平和の実現に努めるように。

「キリストの愛が我々を駆り立てる」

世界の国々へ派遣される宣教師の献身と愛の源泉は、十字架上のイエスの御心にある。生涯をささげて奉仕する宣教師は、司牧、教育、福祉など、どの場においてもその愛を証しするように。

「キリストにおいて、全人類が一つの家族となりますように」

宣教師は人類の真の救済のために、すべての人にイエスの福音を告げることを最優先課題にし、世界の人々が信仰、祈りと生活による「一つ家族」となりますように。

会員の目的は、福音宣教です。貞潔・清貧・従順の三誓願により、徹底的にキリストに従う修道生活を生き、御父と宣教者キリストとの一致を目指しています。

§おもな使徒職

一九五〇年から日本でも活動をしています。戦後の種々の不安からの解放を望んでいた時代にあって、大阪の岸和田地区、大分の宮崎地区、鹿児島の大隅地区の宣教司牧を委託されました。地元の要望に応えるため、最初の三十年間に二十余りの小教区と幼稚園を建設し、幅広い活動に従事しました。一九八三年から、地区の委託をそれぞれの教区に返上しましたが、その後も教区の要請に応じて小教区の司牧を続けています。

現在は、大阪、大分、鹿児島、福岡教区で司牧活動を行っており、カトリック系の幼稚園の運営もしています。また、大学の教師などして教育分野に力を注いだり、異文化や諸宗教との交流と対話活動や、社会正義や福祉活動への参与、文化研究、芸術活動に携わっている会員もいます。

聖パウロ修道会

§創立の由来・使命と目的

一八八四年四月四日、北イタリアのピエモンテ州、クネオ県サン・ロレンツォ・ディ・フォッサーノに生まれた創立者ヤコブ・アルベリオーネ。彼が過ごした青年時代は、フランス革命の影響による反キリスト教・反聖職者的思想、および社会主義・物質主義思想の拡大によってイタリア社会が混乱していた時代でした。

①創立年　②創立国　③創立者　④日本の本部

①1914年　②イタリア　③ヤコブ・アルベリオーネ神父　④〒160-0011　東京都新宿区若葉1-5　Tel：03-3351-5135　Fax：03-3351-8606

これに対して、当時の教皇レオ十三世は種々の回勅によって真のキリスト教民主主義を強調し、対話、尊敬、相互協力を促進するよう説いていましたが、教会の中にも近代主義的思想が入り込み、極端な保守派と自由主義者が反目し合うようになっていました。

また教会の外では社会主義者、共産主義者などの思想、考えが印刷物によって広く流布されていました。さらに、新しく生まれた映画、ラジオも彼らの活動、政策の宣伝のために利用されていました。

ヤコブ・アルベリオーネは、こうした反キリスト者が巧みに利用していたメディアを、福音宣教のため、また教皇の回勅やその精神を広めるための道具として用いるべきだと考えました。そしてこのような使命を生きるのは、共同生活の中で修道誓願を共に生きる修道者であることを望んでいました。そしてその著書の中で彼らは「社会的コミュニケーションの手段を用いて、道、真理、いのちである師イエス・キリストをより多くの人びとに宣べ伝える」ために一致するという会の創立の目的を記しています。

§おもな使徒職

「すべての問題、事実は福音の光に照らして判断されなければなりません。……すべての人の心にキリストをもたらし、教会の現存を強く感じさせなければなりません」という創立者の教えに従い、パウロ会は世界の国々で社会的コミュニケーション手段を用いた使徒職活動を行っています。日本においては、出版（諸々のジャンルの単行本や絵本、雑誌「家庭の友」）、視聴覚（CD、DVD）、宗教用品（グッズ）などの企画制作を行い、また制作物を販売するために書店経営、教会・学校などを車輛で訪問する出張販売、インターネットによる販売を行っています。

なお、フランシスコ聖書研究所訳注の『聖書　原文校訂による口語訳』を、一九五六年に着手してから半世紀以上かけて完成、二〇一一年に発行しました。

「現代の人びとに、現代の手段を用いて福音を宣教する」という使命を受けたパウロ会は、その時代に最も効果的な方法で福音を宣べ伝えることを目指しています。

聖ペトロ・パウロ労働宣教会

§創立の由来・使命と目的

本会の創立者ジャック・レーヴ神父は、一九四一年にドミニコ会のレブレ神父が創立した研究機関「経済と人道」からフランスの港マルセイユに派遣され、港湾労働者たちの労働条件を調査し始めました。ジャック・レーヴ神父は、彼らの実情を内側から知るため、自ら港湾労働者として働き、彼らが暮らす地区で生活しました。そこで一緒に生活する間に、港湾労働者の最大

①創立年　②創立国　③創立者　④日本の本部

①1955年　②フランス　③ジャック・レーヴ神父　④〒359-0023　埼玉県所沢市東所沢和田 1-26-31　Tel/Fax：04-2945-0510

の貧しさは、彼らが神を知らないことにあると気づきました。

その体験をもとに、ジャック・レーヴ神父は、一九五五年、フランスで聖ペトロ・パウロ労働宣教会を創立しました。

わたしたちの使命は、神の愛の神秘を深く感じ取って、大都会に住んでいる人にそれを伝えることです。わたしたちの宣教会が使徒的任務を生きるのは、教会や修道院の外です。日常生活の緊張と渦の中に身を浸し、同じ職場で働き、同じ地区に住み、同じようなアパートで生活する。同じ立場から、友だちになって、イエスの福音を伝えます。


〈生き方〉


わたしたちは共同生活をします、そして共同体を作ることを目指します。

日常生活の緊張の中で雄弁な愛のしるしとなる相互理解を探し求めつつ、共同生活の中で、愛と慈しみを学びます。神の愛を共に生きることは、福音を証言する一つの仕方です。兄弟同士の共同生活の中で、各人が各々の職務に応じて教会に奉仕するために供する固有のカリスマが現れます。

§おもな使徒職

来日したのは一九七〇年です。

兄弟たちの使徒職は、家庭集会、聖書のグループ、公民館で「聖書と美術」のセミナー、祈りの集いなど、さまざまです。

年に二回、春と秋の連休を利用して、聖書の旅を主催します。都会を離れ、自然の中で三日間、三十人から四十人が一緒に過ごします。子どもから年寄りまで。一日の時間割には、祈りの時間もあり、聖書の勉強をし、一緒に散歩し、一緒に食事を作って、一緒に食べて、一緒に片づけ、その後のレクリエーションのあとも一緒に片づけをします。こうして共同体を分かち合いの場として体験します。

五年前から、何人かのボランティアと共に〝麦の会〟の事務局をやっています。〝麦の会〟は三十年前、刑務所で三人の受刑者がつくった会です。現在の〝麦の会〟のメンバーは四百六十人です。わたしたちは彼らと文通したり、面会に行ったりします。そして彼らの記事や絵や詩を、年に三回発行している「和解」という雑誌に掲載して、彼らと〝麦の会〟を支持する人々に送ります。

聖ヨハネ病院修道会

§創立の由来・使命と目的

十六世紀の新大陸発見という時代背景のもと、創立者「神の聖ヨハネ」は四十歳のころに特別な回心の経験をした。神の呼びかけに従って歩み、やがて、南スペインのグラナダを中心に同志を募った結果、共同体を可能にするまでに発展。創立者の死後、聖座から正式に修道会として認可された。

本会は、カトリック的精神と創立者である「神の聖ヨハネ」の愛の精神にのっとり、世界五十一の国と地域で「ホスピタリティ」を理念に掲げて、事業を行っている。

①創立年　②創立国　③創立者　④日本の本部

①1572年　②スペイン　③神の聖ヨハネ　④〒654-0015　兵庫県神戸市須磨区奥山畑町 2-1　Tel：078-731-0869　Fax：078-797-5559

善きサマリア人のたとえにみられるようなホスピタリティの具体的な実践を、創立者は遺言の中で次のように述べているが、これこそ本会の由来・目的・使命の要約である。

「この世の中に病む人や貧しい人がいる限り、あなたたちはその人々のために仕えなさい。」

§おもな使徒職

一九五一年来日。前年に、ローマにいる総長のもとに大阪教区長から医療分野の宣教師派遣を依頼され、困難な状況にある西洋諸国のなか、ドイツから来日した。

終戦後の復興最中であり、余力のない宣教師たちは資金調達のため苦労し、一年間に千通もの寄付依頼を本国へ求めた。

十年後に厚生省から精神病院退院者の社会復帰へのプランが示され、その創設を二年間で達成すべくモデル施設化された。

一九六二（昭和三十七）年、神戸市に社会福祉法人ヨハネ会を設立、同年救護施設ヨハネ寮（須磨区）、一九八八（昭和六十三）年、知的障害者更生施設ヨゼフ寮（北区）を開設した。また、一九九八（平成十）年には、神戸市立西部住宅障害者福祉センターでの事業を開始するなど、障害者福祉分野での働きを主にしている。

直接的に医療分野で奉仕できないが、精神、知的、身体的なハンディのある方々への、社会福祉の一分野を神戸で、今後も継続して運営したい。

ドミニコ会（説教者兄弟会）

§創立の由来・使命と目的

ドミニコ会では、教会の説教壇からの説教ばかりでなく、教授・研修会・黙想会指導・芸術などによる表現も説教に含まれます。その準備のための勉学が重視され、〝勉学〟と〝祈り〟のうちに、人々へみことばを伝える説教者の言葉を育み、「観想し観想の実りを人々に伝える」説教が成

①創立年　②創立国　③創立者　④日本の本部

①1215年　②フランス　③聖ドミニコ・デ・グスマン　④〒150-0036　東京都渋谷区南平台町 18-13　Tel：03-3464-7464　Fax：03-3476-3068

就します。また、共同生活を重んじる修道生活でも、お互いの「対話」を通じて互いに説教しあっている、と考えています。

「正義と平和」活動には国際的な総担当者と五大陸の地区ごとの担当者が任命されています。

また、国連の「人権委員会」にもフランシスコ会と共に代表を送っています。

近年では「諸宗教対話」も推進しています。

略年表

一一七〇年　スペインのカスチリア地方カレルエガにドミニコ誕生。

一二一四年　六名の同志と共に使徒的修道会の設立に着手。

一二一五年　南仏トゥールーズに会の修道院を設立。

一二一六年　教皇ホノリウス三世によりドミニコ会（正式名称：説教者兄弟会）が認可される。

一二三四年　教皇グレゴリオ九世によりドミニコが列聖される。

一九一一年　カナダにカナダ管区が設立される。

一九二七年　函館代牧教区がパリ外国宣教会からドミニコ会カナダ管区に委嘱される。

一九二八年～　カナダ管区の会員四名が日本に到着し、函館─仙台教区の宣教司牧を担当する。

一九三五年　「炬火」誌・「オリエンス」誌を発刊。（のちに第二次世界大戦により廃刊）

一九三八年　東仙台に修道院を設立。

一九四一年～　太平洋戦争のため国内の会員全員が監禁される。（一九四五年まで）

一九四五年　京都に聖トマス学院を開設。（のちに修練院・修道院を付設：一九六七年）

一九四八年　ケベック外国宣教会、ベトレヘム外国宣教会が来日し、仙台教区の宣教を分担する。

一九四九年　東京（上野）に修道院を設立。
仙台に学生の家を開設。

一九五〇年　京都にヴェリタス書院を設立。
一九五一年　東仙台修道院に修練院を併設。
一九五四年　東京教区大司教の要請を受け、新宿に学生の家を開設。（アトリエ・フラ・アンジェリコ併設）
一九五九年　上野修道院を現在地の渋谷へ移転し、本部修道院とする。池尻教会も移転し渋谷教会となる。
一九六一年　渋谷修道院にアトリエ・プチを併設。
一九六三年　長野県信濃境に高森草庵（黙想の家）を開設。
一九七六年　佐藤千敬神父が仙台教区司教に任命される。
一九七七年　ポーランド管区より会員を招聘。
一九七八年　カナダ管区来日五十周年記念を祝う。
二〇〇一年　ロザリオ管区・カナダ管区合同修練院を渋谷修道院に開設。

§おもな使徒職

小教区での司牧、大学教授、黙想指導、説教、芸術活動など。

ドミニコ会（聖ドミニコ修道会ロザリオの聖母管区）

§創立の由来・使命と目的

聖ドミニコ修道会は、説教と神の救いを伝えるために一二一六年に聖ドミニコによってつくられました。その三七一年後の一五八七年、中国とその周辺の国々に福音宣教する特別な使命をもって、ロザリオの聖母管区は創立されました。

ロザリオの聖母管区は過去四百年にわたってフィリピン諸島、中国、日本、ベトナム、台湾

①創立年　②創立国　③創立者　④日本の本部

①1216年（アジア管区1587年）　②スペイン　③ドミニコ・デ・グスマン　④〒791-8025　愛媛県松山市衣山5-1646-6　Tel：089-925-0319　Fax：089-923-8430　http://www.holyrosaryprovince.org

を管轄地域としてきましたが、後に宣教活動はベネズエラ、南アメリカ大陸に広がり、さらに近年は韓国、マカオ、ミャンマーへと展開されています。

会員は、聖霊のはたらきのもと、清貧、貞潔、従順の福音の勧めを信仰することによって、しっかりとキリストの教えを守っています。わたしたちは、信仰の教えに忠実な信者たちと同じ考え方を持ち、神と心を一つにし、兄弟的なコミュニティで共に生活し、神に完全に身をささげ、神の国に仕える慈善の極致の実現に向けて励んでいます。

§おもな使徒職

日本の宣教の歴史は二つの期間に分けられます。

A　十七世紀（一六〇二～一六三七年）

本会（アジア管区）が創立された一五八七年は、豊臣秀吉が初めて「日本キリシタン追放令」を発布した年でもありました。一六〇一年、薩摩藩主島津家久によって、スペインのドミニコ会宣教師が招かれ、ドミニコ会は迫害されたキリスト教徒を助けに行くという危険な任務を快く受け入れました。それらに関する事実は、彼らの三十五年（一六〇二～一六三七年）の宣教活動の記録に残されています。日本で亡くなった会員のうちただ一人が自然死で、残りのドミニコ会員はすべて殉教で亡くなりました。

一六一四年の後半に、将軍徳川家康は「伴天連大追放令」を発布しました。この布告により、最も厳しい迫害が実行されてキリスト教布教が混迷し、宣教師たちは秘かに「地下に」潜ることを余儀なくされました。政治的圧力と迫害が増大した時に、彼らはドミニコ信徒会員としてロザリオの組と第三会員を長崎とその近郊のすべてにおいて組織しました。迫害が強くなるにつれ、これらの組員は福音伝道の、そして宣教師のサポートにおいて重要な役割と奇跡を起こしました。彼らの多くは信仰のために命をささげ、日本キリスト教の歴史において最も美しい章の一つを飾りました。

一六一七年に、四人のヨーロッパ人司祭が処刑されました。そのうちの一人がドミニコ会の福者アルフォンソ・デ・ナバレテ神父でした。一六二二年の「元和の大殉教」が長崎で起こり、この間に多くのドミニコ会員は命を失いました。次第に政治的圧力と迫害が増大し、司祭、キリスト者の殉教が続くなか、一六三七年、最後の使節団の殉教によって、十七世紀の日本での宣教は終わりました。

B 日本での一九〇四年から現在まで

時は流れておよそ二百七十年後の一九〇四年に会員は日本に戻り、四国の愛媛地区をまかされ、それ以来すべての努力はこの地区に集中しています。

一九五〇年ごろの県郡松山には、松山女子商業高校と愛光学園の二つの教育事業のほかに松山精神病院という社会事業を通して宣教活動が盛んでした。信徒会（壮年会、婦人会、青年会、日曜学校）のほかに、多くのカトリックアクションが活発に活動、聖ドミニコ会第三会、ロザリオ信心会、レジオ・マリエ会、カトリック看護協会、カトリック学生連盟（大学部、高校部）、ヴィンセンシオ・ア・パウロ会、カトリック教師会やカトリック医師会などです。一九六三年につくられた四国地区高松教区の発展にも寄与しました。

現在は七小教区での司牧、男子中・高一貫校の愛光学園での教育、聖トマス寮、聖ドミニコ寮での奉仕を続けています。

トラピスト（厳律シトー修道会）

§創立の由来・使命と目的

厳律シトー修道会は、一〇九八年にフランス・ブルゴーニュのディジョン近傍にあるシトーの荒れ野で、聖ロベルトを指導者として隠世共住生活を始めた一団の修道士たちを起源としている。

彼らは元来、コランと呼ばれる森に住む隠修士たちであったが、指導者と仰いでいた聖ロベルトが院長を

①創立年　②創立国　③創立者　④日本の本部

①1098年　②フランス　③聖ロベルト　聖アルベリコ　聖ステファノ

④†灯台の聖母大修道院／〒049-0283　北海道北斗市三ツ石392　Tel：0138-75-2139　Fax：0138-75-3222

†お告げの聖母修道院／〒879-1509　大分県速見郡日出町大字南畑3350-7　Tel：0977-67-7522　Fax：0977-66-7937

務めるベネディクト会のモレーム修道院に移り、さらにそこから、聖ベネディクトが「戒律」で示す神へと至る道を、より深く探求する望みを抱いて、聖ロベルトと共にシトーに赴いた。

聖ロベルトの後継者、聖アルベリコによって修道院の基礎が固められ、その後を継いだ聖ステファノ・ハーディングが、「愛の憲章」と呼ばれる初期の会憲を起草し、シトーと、シトーから創立された各修道院を「愛の学び舎」と呼ぶなど、会の霊性が明文化され、修道会としての組織化が行われた。

やがて聖ベルナルドの入会をきっかけに、シトー会は全盛期を迎え、全ヨーロッパに広まるが、続く時代の経済的・社会的変化や政治的混乱の中で、修道院自体の規律や道徳も緩み、一時衰退していく。

およそ五百七十年ほど時代が下り、一六六四年にラ・トラップ修道院で起こった改革運動が各修道院に波及し、この修道院の改革運動を受け入れたシトー会の修道院を「トラピスト」と呼ぶようになった。さらに、トラピストの流れを汲む三つの大きなグループが一八九二年、一つの修道会として組織し直され、「厳律シトー会（トラピスト）」として現在に至る。

本会は、世からの出離と、祈りと労働に基礎を置く兄弟的生活によって、神と共に生き、神と交わり、神からの恵みと喜びを分かち合い、労苦を共にしながら、「すべての人の救いを望まれる」神を証しすることを目的としている。（編集部注・日本にある二つの修道院はそれぞれ独立した組織をもっていますので、別々に歴史などを記します。）

■**当別トラピスト修道院**（厳律シトー修道会・灯台の聖母大修道院）
一八九四（明治二十七）年、当時の函館教区長のベルリオーズ司教（パリ外国宣教会）が、厳律シトー会の初代総長のセバスチアノ・ヴィアール師に書簡を送り、函館教区（当時）への修道院創立を打診。セバスチアノ総長は、土地と建物の提供を条件に了承した。函館教区としては、この条件を満たすのは困難であったが、くしくも数カ月後、二名の信徒から、開墾を条件として現在の土地の提供の申し出があり、続いて土地を視察したパリ外国宣教会の二人の宣教師から、建築費用の寄付があり、短い期間に本格的に修道院創立の準備が進められることと

なった。
創立の第一グループは九名で、フランス、オランダ、イタリア、カナダの六つの修道院から来函して、一八九六（明治二十九）年十月二十八日、この地に居を据えた。修道士の募集と資金集めは、当時中国にあった「慰めの聖母修道院」の院長、ファーブル師の尽力によるものである。
明けて一八九七（明治三十）年、フランスからジェラール・プーリエ師が創立院長として着任した。彼をはじめとする創立者たちは、北海道の厳しい気候のもと食糧調達もままならないなかで、石多く熊笹の生い茂る土地を自らの手で開墾し、畑作と畜産に着手し、バターをはじめとする乳製品の製造に従事しながら生計を立て、かつ多くの人々の献身的な助けを得ながら、しだいに隠世共住修道院生活をこの地に根付かせていった。

彼らは日夜、キリストの死と復活に結ばれて、本会の生活様式の柱である、祈り・労働・読書の三つの課業に勤《いそ》しみながら、互いに助け合い、互いの弱さを受け入れつつ、兄弟的生活を営んだ。祈りによって皆が心を一つにして神に賛美と感謝をささげ、労働によって人々の労苦に連帯しながら兄弟愛を学び、聖書や教父の著作を中心とした読書によって自らの心を耕し、神の御旨を探求してきた。また、土地の善用によって、自然界に示される神の慈しみを目に見えるものとし、その結果、道南の農業の発展に寄与するところともなった。

その跡に従わんとするわたしたちも、先輩たちが残してくれた、これらシトーの生活の遺産を大切にし、被造物を通して示される神の恵みに生かされ、その喜びを地域社会、また、この地を訪れる人々と分かち合いながら、隠世共住修道院生活そのものによって、現代社会に神の愛を証しし続けたいと願っている。生計のためにクッキー、バターなどの製造販売をしている。

■大分トラピスト修道院（厳律シトー修道会・お告げの聖母修道院）

由布岳を背に別府湾を一望する丘に立つ大分トラピスト修道院の創立は、一九八〇（昭和五五）年七月十一日、聖ベネディクトの祝日です。七名の修道士が北海道の「灯台の聖母大修道院」から派遣され、キリストの教えと聖ベネディクトの修道戒律のもとに、すべての人々の救いと平和のために、「祈り・働け」の修道生活を送っています。

この戒律は、福音のなかに示されているキリストの教えをいっそう完全に実行するために編まれたもので、常に深い信仰の目で神を見、日常生活のすべてを神のみ前で実行するようにと、教え励ましています。

トラピスト修道院の生活は、沈黙と孤独のうちに神と共に生きる生活であり、祈りながら働き、働きながら祈る生活、主イエス・キリストの弟子として、すべ

ての人の救いのために奉仕する生活ということができます。一般社会から身を引き、直接宣教に携わることはありませんが、絶え間ない祈りと、人目にたたない償いのわざによって、神秘的な方法ですべての人のために神の恵みを願い続けています。

この日出町は、日本に最初にキリスト教を伝えた聖フランシスコ・ザビエルが到着した地として知られ、長崎と同様、日本のキリスト教の歴史の上で重要な地です。生計のため製菓、ホスチア製造の作業もしています。

大分トラピスト修道院の日課

午前	3：30	起床
	3：45	夜間の祈り
	5：00	朝の祈り
	5：45	ミサ聖祭
	6：45	朝食
	7：15	聖なる読書
	8：00	三時課（祈り）
	8：30	労働
	11：00	労働終了
	11：20	六時課（祈り）
	11：30	昼食
午後	12：45	九時課（祈り）
	1：00	労働
	4：30	労働終了
	5：30	晩の祈り
	5：45	夕の黙想
	6：00	夕食
	6：25	自習・講話
	7：30	寝る前の祈り
	8：00	就寝

福音の小さい兄弟会

§創立の由来・使命と目的

本会の霊的創立者は、フランス生まれのシャール・ド・フーコーです。一八五八年に生まれた彼は、思春期に信仰を失い、無規律な生活を過ごしますが、軍人としてアルジェリアでイスラム教徒の中で暮らし、彼らの信仰生活に触れて、神の現存の感覚を取り戻します。フランスに戻ってから信仰を取り戻したのが二十八歳の時でした。この彼

①創立年　②創立国　③創立者　④日本の本部

①1956年　②フランス　③レネ・ヴォワイヨーム神父　④〒640-8124　和歌山県和歌山市雄松2-38　若松荘2階10号
Tel/Fax：073-425-0981

のイスラムとの出会いは、キリスト教とイスラム教との宗教対話の要請される現代のグローバル化の時代に新しい意味をもたらすかもしれません。

小さい兄弟の二〜三人での兄弟的生活は、アルジェリア・イラン・レバノン・エジプトなどのイスラム世界でも営まれており、アルジェリアで一九九五年にトラピスト修道士七名が殺された時も、現地から引き揚げずに、現在もイスラム教徒との友情に基づく生活を続けています。

第二バチカン公会議の前においては、「非キリスト教国で・現地の言葉や宗教を尊重しながら・二〜三人の少人数で・生活を通して福音を叫ぶ」、という小さい兄弟の生き方は、多くの反響を修道者の世界にもたらしましたが、バチカン公会議の後は、「現地語で祈り・二〜三人で暮らす修道生活」は、シャール・ド・フーコーの家族だけのものではなくなりました。

下積みの生活をするというナザレのイエスの霊性には、なお見るべきものはあるのですが、労働者の生活は近年激変し、体を使う労働というだけでは、非正規雇用の労働者の実態に深く接することは難しくなってきています。

§おもな使徒職

一九三三年に創立された「イエスの小さい兄弟会」から、一九五六年に枝分かれした当時は、福音宣教に重点をおく動きがありましたが、根元にある霊性がナザレのイエスの隠れた生活ですから、福音の小さい兄弟の実際の生活も声高な福音を叫ぶ動きよりも、生活の中で福音を叫ぶ姿を選び取ってきました。

たとえば、一九七一年の山谷の寄場《よせば》を視野に入れて始められた北千住での六畳間に三人で暮らすアパート修道院の生活から、山谷の単身日雇い労働者の世界では、志願者・修練者の養成がバランスよく養成できていかないからと、埼玉県秩父市に移転したことも生活の具体的姿を重要視したからです。その秩父から被差別部落内での生活を目指して関西に移転し、和歌山で皮革産業で働くように導かれていったのも、生活の中で福音を叫ぶ姿を選び取った、一つの形でした。

ですから、兄弟が司祭になったとしても、小教区の司牧に携わることは避けて、生活を通して福音を伝えるほうを選ぶのです。小さい兄弟は牧者ではありませんが、教皇フランシスコさんの「牧者は羊の匂いがしなければなりません」という言葉は僕らにとってうれしい言葉です。

和歌山での生活は被差別部落でのかかわりを第一としますが、時代の流れで野宿に追いやられた人たちとのかかわりも一九九九年以来続いています。

最後に一言つけくわえておきたい情報：「福音の小さい兄弟会」と「イエスの小さい兄弟会」は将来での再統一を視野に、二〇一四年に連合体の形（教会法上のFederation）をとることを決めました。

（写真は、石川夫妻による大阪教区での講演会の時のもの）

フランシスコ会（小さき兄弟会）

§創立の由来・使命と目的

一一八二年にイタリアのアシジの裕福な商人の家に生まれたフランシスコは、ペルージャ戦争での捕囚体験などを経て、青年期のある日、郊外の廃墟となっていた聖《サン》ダミアノ教会の十字架像から「フランシスコよ、崩れようとしているわたしの家を修復しなさい」というキリストの御声を聴きました。またあ

①創立年　②創立国　③創立者　④日本の本部

①1209年　②イタリア　③アシジの聖フランシスコ　④〒106-0032　東京都港区六本木4-2-39　Tel：03-3403-8099　Fax：03-3401-3215　http://www.ofm-j.or.jp

る時には、当時、アシジ郊外へと追放されていたハンセン病の方々との特別な出会いがあり、それまで避けるようにしていた彼らを抱きしめ、世俗的な世界から神を深く見いだしていくという大きな回心体験をしています。

この頃から、フランシスコにとってキリストへの愛は極めて熱烈に膨らみ、できる限り完全にキリストに倣うことが、彼の祈り生き憧れる最も崇高な望みとなりました。

そのためフランシスコは、キリストとの全き一致を妨げるあらゆるものを放棄し、完全で無制限な清貧（無所有）を受け入れました。それゆえフランシスコは何一つ自分の物にしようとはせず、与え主であられる神に絶えず感謝と賛美の祈りをささげ、聖福音のうちに示された特に貧しく遜《へりくだ》られたキリストの御姿に完全に倣おうとしました。

自らを「アシジの回心者」と呼んだフランシスコにとって、生きるとは、このキリストの招きに応え、常に神の教会のうちに留まりつつ、聖福音に文字通り単純素朴に従う償いの生活を送ることだったのです。このキリストへの愛は、晩年に彼の体に聖痕が刻まれるほどに深まっていきました。

ただ神の恵みに生かされて喜び生きる彼のこの生き様に触れて、やがて最初の兄弟たちが召し出され、彼の元に集まってきました。フランシスコにとっては自然も動物も人間も命ある全てのものは皆等しく神に創られ、神から与えられたギフトであり、全てが神を讃えて共に生きる兄弟姉妹たちでした。

フランシスコに与えられた使命は、教会の建物を直すことではなく、神の恵み以外は何も持たない貧しさのうちに全てに満たされ、神から与えられる兄弟姉妹たちと共に祈り、償いの生活の中にキリストの福音の喜びを分かち合い、その恵みに生かされて生きることでした。そして神が望まれるように、ただ神の道具として彼が自由に用いられ遣わされることによって、全教会の霊的刷新のために働くことだったのです。

このようにしてフランシスコの兄弟たちは、聖霊によって、やがて全世界へと遣わされて行きました。

§おもな使徒職

日本では、第二次大戦後に多くの兄弟たちが宣教師として日本に入り、まずは多くの小教区を立てることに尽力しました。このため活動の場としては、教会司牧や隣接する幼稚園での宣教が比較的大きな割合を占めています。このほかに、神学校で教えたり、黙想の指導、社会的弱者とのそれぞれのかかわり、農村伝道、修道院における祈りの生活、海外宣教など、派遣される兄弟たちは各々のカリスマに従い生かされて、さまざまな活動に兄弟的に携わり生活しています。

近年、日本管区の兄弟たちは、フランシスコから続く兄弟たちのあり方の本質を、「派遣されて宣教する使命を帯びた兄弟共同体」（ＦＩＭ）であると再確認しました。

小さき兄弟たちは、派遣された修道院の兄弟たちと兄弟共同体として生き、共に祈り分かち合い、共同体として宣教する共同体、しかもそれは兄弟的な交わりとかかわり合いを持った「兄弟的共同体」です。この小さき兄弟共同体は、自分たちに何ができるか、神は何を望まれているのか、主の平和はどのようにして人々の間にもたらされるのか、いつも自らに問いつつ、神の国の完成に向けて、努力し活動しています。

マリア会

§創立の由来・使命と目的

一七八九年のフランス大革命後、フランスにおける青少年の宗教教育は地に落ちていた。シャミナード師は、聖母青年会を組織し、そこに集う違った年齢層の人々を通してフランスのカトリックの信仰を再興しようと計画していた。革命によってカトリックの宗教活動は禁止され、既存の修道会も解散させられた。学校においての宗教教育も禁止されていたので将来のフランスを担う青少年の教育は緊急の課題であった。

①創立年　②創立国　③創立者　④日本の本部

①1817年　②フランス　③ギヨーム・ヨゼフ・シャミナード神父　④〒102-0071　東京都千代田区富士見1-2-43　Tel：03-3261-2965　Fax：03-3261-8669

コングレガシオンのメンバーの中からシャミナード師と共に修道会を創ろうとの動きが生まれ、一八一七年十月二日にフランスのボルドー市にマリア会が誕生した。シャミナード師は幼少年の教育に力を注いだ。同時に、よい教師を育成するために師範学校を創設することも忘れなかった。

現在、フランスをはじめとしてイタリア、スペイン、オーストリア、アメリカ合衆国、カナダ、ラテンアメリカ、日本、韓国、アフリカなどに学校を持ち、幼少年の教育に励んでいる。彼らにカトリックの人間観・世界観をはじめ、カトリックの教えとその中心的な精神について教育し、社会の中で中核となって活動できる人間育成を目指している。アメリカ合衆国におけるマリア会は三つの大学を持っている。

§おもな使徒職

マリア会修道院は混合構成の共同体である。司祭である会員と司祭でない会員（教職の会員、技術を習得している会員）からなり、同等の権利を有している。

マリア会が日本に渡来したのは一八八八年である。東京の暁星学園の創立に始まり、一八九二年長崎に海星学園、一八九八年大阪に明星学園が創設された。一九四六年に札幌教区立の光星学園がマリア会に移管されて今日に至っている。光星学園は二〇一四年に創立八十周年を迎えた。東京の暁星学園は、幼稚園、小学校、中学校、高等学校で構成されている。他の三つの学校は、中学・高等学校のみである。

そのほか、一九八七年九月から長崎の南長崎ダイヤランドに、長崎大司教区の認可を得て小ヶ倉教会を開設し、マリア会司祭が司牧している。また、一人の会員は東京カリタス会のメンバーとして貧しい人たちとのかかわりをもっている。

マリスト教育修道士会

§創立の由来・使命と目的

マリスト教育修道士会は一八一七年、マリセリン・シャンパニヤ神父によって創立されました。彼は、フランス南東部の辺鄙《へんぴ》な山村に生まれ、司祭として故郷に近い山村地帯で、村人の司牧と青少年の教育に生涯をささげました。

当時のフランスは、長引く革命と、うち続く外国との戦争により、混乱、荒廃、貧困のさな

①創立年　②創立国　③創立者　④日本の本部

①1817年　②フランス　③マルセリン・シャンパニヤ神父
④〒654-0072　兵庫県神戸市須磨区千守町 1-2-1　Tel：078-731-4159　Fax：078-732-3808

かにありました。神父は、そうした社会からさらに取り残された貧しい人々、恵まれぬ人々に心から同情を寄せました。とりわけ神の愛も知らず、教育の機会も与えられないまま放置されている子どもたちの姿に強く胸を打たれました。司祭として赴任後まもなく、彼は教育修道士による会の発足を決意しました。

こうして始められた修道士の小さな会は、フランスの片田舎から始まってほどなく国内各地に広まり、やがて国を越え、海を渡って、現在では七十九カ国に会員三千五百名を擁する国際的な教育修道士会に発展しました。シャンパニヤ神父の精神は、時代を越え、国を越えて、若者の心を惹《ひ》きつけてやまないのです。

修道士は、献身的に仕事に従事しながら、兄弟的共同生活のうちに、福音的勧告の清貧、貞潔、従順の三つの誓願を立て、よりキリストに倣おうと志します。修道士は、神とまったき一致への旅の途上にあります。

余分な荷物は少ないほど、旅はしやすくなります。貧しく質素に生きられた主に倣いたいのです（清貧）。

修道士は、自分の家庭を持つことを放棄しますが、それは愛に心を閉ざすことではありません。すべての人を愛された主に倣いたいのです（貞潔）。

修道士は、自分の意志より、神の意志を選びます。すべてにおいて、御父に従われた主に倣いたいのです（従順）。

マリスト教育修道士会は、別名をマリアの小さな兄弟会といいます。マリストの名は、聖母マリアの御名からいただいたもので、聖母を会の最高の長上と仰ぎ、その御徳、とりわけ謙遜、単純、柔和に倣うように努めています。創立者マルセリン・シャンパニヤ（一九九九年に列聖）の言葉「イエスのために、すべてをマリアに。マリアを通して、すべてをイエスに」を会のモットーとしています。

§おもな使徒職

本会はローマに本部を置き、日本では一九五一年、中国から移って来た独・仏二人の修道士により神戸マリスト国際学校（幼・小・中・高共学）が創立され、一九五九年には中国管区からアメリカ管区に代わり、一九六一年には熊本マリスト学園（中・高共学）が開校されました。

二〇一二年には東アジア管区に代わって前の管区からの修道士（スペイン、日本）の二人に加えて、フィリピン、韓国からの二人の若い修道士が増え、現在日本語の勉強に励んでいます。

会員は、主として学校教育に携わりますが、そのほかに一般人を対象とした福音宣教、小教区内外での信仰講座、奉仕活動などに積極的に参加、活動しています。

聖心布教会

§創立の由来・使命と目的

フランス中央部で生まれ育ったジュール・シュヴァリエ神父はナポレオンの敗北、産業革命、度重なる政変という社会的、経済的な大変革によって、教会の長姉とまで呼ばれた人々は、神さまが不在の日常生活を過ごし、宗教に全く無関心になっていることに心を痛めました。

①創立年　②創立国　③創立者　④日本の本部

①1854年　②イソダン（フランス）　③ジュール・シュヴァリエ　④〒462-0847　愛知県名古屋市北区金城1-1-57　Tel：052-981-2022　Fax：052-915-7650　Email：mscjapan@aioros.ocn.ne.jp

このようなル・マル・モデルン（現代の悪）に立ち向かう薬はイエスの聖心の愛しかないと彼は悟ったのです。そこで、福音を宣べ伝え、イエスの聖心の愛を広めようと、そのために働く司祭・修道者のグループを創立しようと決心したのでした。

一八五四年十二月八日、「無原罪の御宿り」が宣言される日に向かってノベナをささげた結果、聖母マリアに授けられる栄光の最初の実りとして、本会が創立されたのです。

戦いと生きることに疲れ、反宗教的な感情に満ち溢《あふ》れた時代でしたので「助けを必要としている」人たちがたくさんいました。こうした人々こそ、「御憐れみの救い主」イエスさま、そして「希望なき人々の希望である」母マリアさまを求めているのだと確信し、教会を中心とした共同体作りをスタートさせたのです。

「願わくは、イエスの聖心が世界のいたるところで、愛されんことを、代々に至るまで」をモットーに女子修道会「聖心の聖母会」、そして信徒グループと共にイエスの聖心を世界各地で伝えてきたのです。

司祭・修道者だけではなく、生活の中にイエスの聖心を示し、信者共同体の中に聖心が満ち溢れるように教え導き、「信徒の再福音化」を目指すことも当会の大きな使命です。

§おもな使徒職

一九五〇年三月、名古屋に、オーストラリア管区から宣教師が派遣され、戦後の荒廃した日本での宣教が始まりました。名古屋城の北側にあった紡績工場の広大な跡地に、プール・テニス・野球などのスポーツ施設や、聖堂の三階には図書室、一階にはホールも設け、立派過ぎる教会が建設されました。それは「イエスの聖心に従って、地域社会に開かれ、奉仕する教会共同体の育成」という理念に基づいたものだったからでした。

また、教育による宣教活動にも力を入れ、一九五五年に「聖心幼稚園」、一九六七年にはノートルダム教育修道女会を招いて英語・華道・料理・国語・算数・書道などを教える「聖心学院」を開きました。その数年後にはモンテッソーリ教育による「みこころ子供の家」も始まりましたが、時代の流れで、「みこころ子供の家」は幼稚園に引き継がれていますが、四百人以上の生徒たちが学んでいた聖心学院は残念ながら現在は閉鎖されています。

一方では、時代の要請によって、一九八六年に、「みこころセンター」を開設しました。それは海外からの移住者や社会的に弱い立場に置かれた人々への支援に取り組むものでした。ここでは英語・インドネシア語・タガログ語によるミサがあり、また障害者の支援など社会福祉関係の拠点ともなっています。

司牧地区としては福井県の福井教会・大野教会（巡）・鯖江教会（巡）・敦賀教会・小浜教会（巡）、岐阜県の岐阜教会・大垣教会・各務原教会（分）、愛知県の城北橋教会・江南教会にわたり、インドネシア人・フィリピン人・オーストラリア人・日本人の司祭がイエスの聖心を伝えるために働いています。

ラ・サール会（キリスト教学校修士会）

§創立の由来・使命と目的

ラ・サール会は、学校や社会福祉施設等を通して子どもや青少年の生活にかかわりながら彼らを真理に導く、ブラザーだけの修道会です。

「賢明な者たちは、大空の光のように輝き、多くの者を義へと導いた人々は、星のように代々限りなく輝く。」

（ダニエル書12・3）

日本で当会が活動を始めたのは一

ラ・サール修道会
BROTHERS OF THE CHRISTIAN SCHOOLS
賢明な者たちは、大空の光のように輝き、多くの者を義へと導いた人々は、星のように代々限りなく輝く。【ダニエル書12,3】
学校と社会福祉施設を通して子供や青年の世話をしながら彼らを真理に導く、ブラザーの修道会です。
【主な事業】
教育と社会福祉
〒983-0833 仙台市東仙台6-12-1 ☎022-256-3209
〒041-0841 函館市日吉町1-12-1 ☎0138-53-9349
〒891-0114 鹿児島市小松原2-10-1 ☎099-269-4308
E-mail lasalle.shoumei@gmail.com

①創立年　②創立国　③創立者　④日本の本部

①1681年　②フランス　③聖ヨハネ・バプチスタ・ド・ラ・サール　④〒983-0833　宮城県仙台市宮城野区東仙台6-12-1
Tel：022-256-3209　Fax：022-295-5147

九三二（昭和七）年です。北海道・函館に四名のカナダ人会員が来朝し、ここに学校を建設すべく測量を始めたのですが、日本における最初の事業は軍部の横槍で残念ながら中止となりました。その後一九三六（昭和十一）年十一月、会員たちは仙台に移り、ここに修道院を構え、外国語の授業を始めましたが、ついに第二次世界大戦となり外国人会員は抑留され、本格的な事業は終戦後を待たねばなりませんでした。

その後、当会の精神より生まれたおもな活動を記します。

●ラ・サールホーム（児童養護施設）

戦後一九四八（昭和二十三）年、宮城県庁から児童養護施設開設について協力を要請され、仙台市東仙台に「光ヶ丘天使園」を建設。後に「ラ・サールホーム」（児童養護施設）と改称されました。

ラ・サール会員の目はあらゆる境遇の青少年に向けられます。特に貧困ゆえに生ずる多くの苦しみの中にある子どもたちに対して、かつて創立者の聖ラ・サールが、フランスの社会の片隅に見捨てられていた子どもたちに注いだその愛情を注ぐのであります。

第二次世界大戦直後に戦災孤児とのかかわりが急務であった時代が去り、経済事情の回復にともない、機能不全家庭から生ずる精神的問題を抱える児童等が入所するようになり質的変化はしましたが、生活問題を抱え援助を必要とする対象者には優先的奉仕として取り組んでおります。ラ・サール学園が知的雰囲気にその特徴をもつのに対し、ラ・サールホームは家庭的雰囲気で子どもたちを包んでいます。

●ラ・サール学園

ラ・サール会員たちは、学校を通じキリスト教的世界観に基づいた教育によって、青少年たちを永遠の真理へと導いていく。そのため会員たちは、どこの国へ行ってもまず学校を建て、その国の青少年の精神と知性に呼びかけてきました。

日本においても同じ理想に燃えて、昭和の初期、函館に学校を開設すべく努力しましたが、実を結びませんでした。しかし二十年に近い忍従の結果、会員たちの希望は南の鹿児島に開花したのです。そしてここに一九五〇（昭和二十五）年、日本におけるラ・サール会最初の学校であり、その名も聖師の名を仰いだ「ラ・サール学園」が生まれました。

学園はまず高等学校から発足し、一九五六（昭和三十）年には中学校が併設され、ラ・サール会員の努力と、優秀な一般職員の献身的な協力によってつくり出された教育環境は、当然のことながら幾多のすぐれた生徒を生み出し、創立以来短時日の間に、学園の教育内容は全国的に知られるようになりました。そして中学校の併設による六年間の一貫教育によって、「世界的視野の上に立って人類文化の根底を探求せしめ、もって道徳的に知的にまた社会的に調和のとれた高い人格を育成する」という学園の理想は一段と徹底されるようになりました。

そして一九六〇年、ラ・サール会員たちがその事業のために、初めて住居を定めた意義ある土地であり、そこに蒔かれた一粒の麦は、二十八年の長い風雪に耐えたのち、ついに芽を出しました。一九六〇（昭和三十五）年四月、南の鹿児島ラ・サール学園に遅れること十年で、「函館ラ・サール学園」高等学校（現在は中学校も）が発足しました。年を経るに従って、函館ラ・サール学園も鹿児島ラ・サール学園と共に南北二つの兄弟星として、多くの学生の心に真理の光を投げかけてゆくことでしょう。

レデンプトール修道会

§創立の由来・使命と目的

本会は創立者の精神である「もっとも見捨てられた人々、特に貧しい人々」に向けられた福音宣教と司牧活動を使命としている修道会である。社会・経済的弱者のみならず、キリストのメッセージをまだ聞いたことのない人々や、司牧上、緊急性のあるところで働く。現在、世界七十七カ国で五千九百名が従

①創立年　②創立国　③創立者　④日本の本部

①1732年　②イタリア　③聖アルフォンソ・マリア・デ・リゴリ　④〒151-0053　東京都渋谷区代々木5-16-1　Tel：03-3485-4676　Fax：03-3466-0374

事。日本の場合、小教区活動のみに留まらず、大学やＮＰＯ、幼稚園などで働く会員が存在する。また同会は熱心なマリア信心「絶えざる御助けの聖母」のイコンを崇敬することや、聖体礼拝・訪問で知られている。

倫理神学の学びもレデンプトール会の霊性の一つである。

――新しいネットワークの中で――

二〇一一年、アジア・オセアニア協議会が設立され、その東アジア地区のメンバーとして、韓国の兄弟たちと交わりを深めている。またインドネシアから、若手宣教師が日本語学校で学び、共同体が国際性豊かになった（カナダ、ドイツ、日本、インドネシア）。

――準管区設立の経緯――

●東京準管区設立の経緯＝教皇ピオ十二世の意向によって、カナダ教皇代理アントニウィッチ司教から、レデンプトール修道会センタンドボープレ管区に、日本宣教の要請があった。戦争の荒廃から復興する一連の教会の動きに対応している。横浜教区の脇田司教から正式な要請があり、一九四八年五月八日に三人の司祭が横浜港に到着した。鎌倉に修道院と教会を建設して宣教の第一歩が始められた。小教区での司牧としては、東京は初台、長野では諏訪、茅野、岡谷、富士見などでも活動している。

●舞鶴準管区設立の経緯＝レデンプトール修道会のトロント管区は、一九四八年六月に来日し、丹後地方の宣教を始める。東・西舞鶴、中舞鶴、福知山、綾部、報恩寺、宮津、網野、峰山、大宮、加悦、岩滝などに小教区を設立し、大阪大司教区では吹田で活動した。一九八〇年一月に舞鶴準管区は東京準管区へ合併された。

●鹿児島準管区設立の経緯＝レデンプトール修道会ミュンヘン管区は、一九五三年九月に来日し、鹿児島の川内カトリック教会に派遣され、小教区を通じて宣教活動を継続し、出水、加世田、阿久根、枕崎、大口、入来、串木野、谷山、宮之城、徳之島、沖永良部島、与論島などで福音宣教活動を行っている。

●日本準管区設立へ＝東京準管区と鹿児島準管区は、新しい宣教の優先課題を模索するなかで、準管区合同の機運が高まった。修道会全体再構築の動きに連動し、二〇一五年一月五日、正式にレデンプトール修道会日本準管区として設立された。

絶えざる御助けの聖母のイコン

§**おもな使徒職**

一九四八年五月八日来日以来、小教区の司牧活動（東京・横浜・京都・大阪・長崎・鹿児島教区へ配属）ほか、大学やＮＰＯ、幼稚園などで働く。

＊次頁から宣教会（使徒的生活の会）の紹介になります。

グアダルペ宣教会

§創立の由来・使命と目的

一九四七年メキシコのプエブラで開催された第二回国内司教大会議において、メキシコのカトリック司教協議会は外国宣教会の神学校を設立することを決定しました。ローマ教皇ピオ十二世は一九四八年十一月、それを許可し、初代院長としてマヌエル・エスカラン

①創立年　②創立国　③創立者　④日本の本部

①1949年　②メキシコ　③メキシコの司教団　④〒106-0044 東京都港区東麻布 2-13-6　Tel：03-3583-5182　Fax：03-3583-5194　http://www.misioneros-de-guadalupe.html

テ司教を任命し、メリノール宣教会に一時的に依頼しました。一九四九年十月七日、メキシコ・シティのキンタ・アラモスに神学校が開校され、外国人宣教のためのグアダルペ宣教会が設立されました。一九五三年四月二十八日、グアダルペ宣教会の会則がローマ教皇ピオ十二世によって認められました。

グアダルペ宣教会は、ローマ・カトリック教会の使徒的生活の会であり、メキシコのカトリック信者の支援に支えられて、海外宣教活動を行っています。

現在、同会には約百七十人の会員がおり、司祭として、あるいは信徒宣教者として、世界十一カ国でキリストの教えを伝えています。宣教活動はアジア大陸においては日本、香港、韓国、アフリカ大陸においてはケニア、アンゴラ、モザンビーク、アメリカ大陸においてはアメリカ、グアテマラ、ブラジル、キューバとペルーに広がっています。

一九五六年に最初のグアダルペ宣教会の三人の宣教師が来日しました。日本に着いてから東京のフランシスコ会の日本語学校で勉強して、一九五八年福島県の会津若松教会で宣教活動を始めました。

二〇〇二年八月二日、東京都知事による宗教法人「カトリック・グアダルペ宣教会」の規則が認証され、当法人の設立は二〇〇二年八月五日でした。

§おもな使徒職

日本においては直接司教の元で働くため、司祭を司教にゆだねています。

現在日本ではカトリック仙台司教区、カトリック京都司教区およびカトリック東京大司教区において宣教司牧活動をしています。

日本の教会は、日本の教会自身が司教区内また全国レベルでの宣教司牧活動を司ることを望んでいます。

二〇〇六年八月、日本における宣教五十周年を迎えました。

ケベック外国宣教会

§創立の由来・使命と目的

まだイエス・キリストを知らない人たちと弱い立場にいる人たちのところへ行くのが使命です。そしてその国の教会を助けながら協力します。

最初にケベック会のメンバーは皆、中国に行きました。その後、次々と新しい宣教地が開かれました。現在、ケベック会のメンバーが働いている国はブラジル、ホン

①創立年　②創立国　③創立者　④日本の本部

①1921年　②カナダ　③カナダ・ケベック州の司教団　④〒156-0044　東京都世田谷区赤堤3-20-1　Tel：03-3324-4535　Fax：03-3322-4708

ジュラス、ペルー、チリ、ケニヤ、中国（香港）、カンボジア、フィリッピン、日本、カナダです。一九九七年以降、国籍を問わずカナダ以外の司祭でも会員になることができるようになりました。しかし自国以外の国へ宣教に行かなければなりません。

二〇一一年から信徒宣教師が加わりました。二〇〇五年から神学校はケニヤのナイロビです。

§おもな使徒職

一九四八年に来日して、数年間、司祭だけで青森県の教会と幼稚園を担当していました。その後、東京教区の赤堤教会、高幡教会と山友会、横浜教区の溝ノ口教会、二俣川教会、百合ヶ丘教会、藤が丘教会、戸塚教会と磯子教会を担当しました。

学校で教えたり、福祉施設をつくったり、芸術と広報でがんばった司祭もいました。現在、日本のケベック会のメンバーは十人で、仙台教区と東京教区で宣教活動を続けています。

――信徒宣教師と共に――

四十年近く前から、宣教としての生き方を望んでいる信徒を、夫婦二人でか、または一方の一人かを、ケベック会が宣教のメンバーとして受けるようになりました。洗礼の恵みで同じ宣教の使命を持って一緒に宣教することを目指しています。

一九九一年からカナダ以外の信徒宣教師も歓迎して、アソシエ（associate）という名前で一緒に働いています。国際チームとして、司祭または男女信徒の方々も、協力契約を結んだうえで、一緒に活動するようになっています。そのメンバーは、現在四十一人になりました。国により association の期間は違います。中南米とアフリカは四年、アジアは六年で、期間の延長は可能です。こういう宣教のかたちもあるのですから、わたしたちは宣教に出かけたいという日本の希望者を待っています。

今日本で活動しているケベック会の信徒宣教師は三人です。一人は日本語を勉強中。あと二人は夫婦で最近日本語の勉強が終わって東北大学スペイン語の会話の授業を手伝ったり被災地でのボランティアや、教会の手伝いをしています。

これからの日本の宣教の生き方を、メンバー、アソシエと信仰者の皆さんと一緒に考えて、一緒に実行して、一緒に感謝していきたいと思います。

スルピス会（サン・スルピス司祭会）

§創立の由来・使命と目的

パリ教区の司祭であったジャン・ジャック・オリエ師（一六〇八年～一六五七年）は、トリエント公会議（一五四五年～一五六三年）の決議に基づき、宗教改革後のフランスにあって、カトリック教会の刷新のために司祭養成の重要性を意識していました。そして、パリのサン・スルピス教会の主任司祭として働いていた時に、同志の教区司祭たちと共に、サン・

①創立年　②創立国　③創立者　④日本の本部

①1642年　②フランス　③ジャン・ジャック・オリエ師　④〒814-0131　福岡県福岡市城南区松山1-1-1　Tel：092-871-4943　Fax：092-863-6329

スルピス教会の隣に、最初の神学校を創立しました（一六四二年）。オリエ師のもとに集う教区司祭たちは、その小教区の名称に因んで、「サン・スルピスの司祭たち」と呼ばれるようになり、それが会の名称になりました。

「教区司祭となる神学生の養成は、教区司祭の手によって行われるべきである」という創立者のオリエ師の精神に基づき、スルピス会員は教区司祭としての身分を保持したまま、所属する当該教区の司教の承認を得て、入会の準備に入ります。そして一定期間、スルピス会の霊性や教育法を学んで、神学校の養成者となるための養成を受け、現場での経験を積んだ後、正式会員となります。

スルピス会は、教会法上では修道会ではなく、「使徒的生活の会」（第七三一条以下）であり、所属する教区司教への従順の約束のほかに、特別な誓願は宣立しませんが、修道会に類似した会憲と組織を持っています。

スルピス会の本部は、創立以来パリにあり、現在、フランス管区、カナダ管区、アメリカ管区の三つの管区があります。フランス管区はフランス、ベトナム、アフリカで、アメリカ管区はアメリカとアフリカで、カナダ管区は、カナダ、南米諸国、日本で、おもに神学校における司祭養成や小教区での宣教司牧に従事しています。

§おもな使徒職

日本においては、一九三三年にカナダのモントリオールよりカナダ人の会員が来日してから、九州における司祭養成の事業に携わり、とくに一九四八年以来六十年間、福岡サン・スルピス大神学院の運営をおもな使徒職としてきました。

二〇〇九年度からは、日本の司教団との契約のもとに、日本カトリック神学院において継続して司祭養成に奉仕しています。現在、日本の共同体のメンバーは七名ですが、そのうちの一名を、フランス管区がベトナムのフエで運営している神学院に派遣しています。

スカラブリニ宣教会（聖カルロ宣教会）

§創立の由来・使命と目的

十九世紀末は、貧困から逃れるため、多くのイタリア人がアメリカ大陸に渡った「大流出」の時代だった。教会の指導者たちは、それらの出稼ぎ労働者や移民のため、さまざまな支援を行っていた。イタリアのピアチェンツァの司教であったJ・B・スカラブリニ（一九九七年に列福）は、イタリア人移民への精神的、霊的、司牧的奉仕のために「聖カルロ宣教会（以下スカラブリニ宣教会）」を

①創立年　②創立国　③創立者　④日本の本部

①1887年　②イタリア　③福者ジョバンニ・バッティスタ・スカラブリニ　④〒141-0021　東京都品川区上大崎4-6-22 目黒教会内　Tel：03-3491-6966　Fax：03-5759-1063

創立した。

新天地へ移住する人たちが出遭う不確かな将来を憂慮し、スカラブリニ司教は生活にかかわるさまざまな問題に直面する移住者たちに特別な司牧的奉仕を行うため、司祭やブラザーだけではなく、信徒と共に働く司祭や修道士で構成される会を思い描いた。

とりわけスカラブリニ司教は、移住する人々が自分たちの文化とカトリックの伝統を失うことを憂慮した。

彼は聖書にあるキリストの言葉、「お前たちは、わたしが飢えていたときに食べさせ、のどが渇いていたときに飲ませ、旅をしていたときに宿を貸し……」(マタイ25・35)を、「わたしは他国からの移住者、出稼ぎ労働者であったが、あなたがたは受け入れてくれた」と受け止めていた。

スカラブリニ会員はその創立者の精神に従い、現在に至るまで、祖国を離れて生きる移住者たちとかかわり、移住者が直面する家庭、教育、労働その他あらゆる問題を共有しつつ、彼らのために奉仕してきた。

創立からおよそ百年の年月を経た一九八〇年代初頭、スカラブリニ宣教会は、中東へと大量に国外移住が始まったフィリピンでの活動を始めた。アジアへの第一歩である。その後、台湾、インドネシア、日本、ベトナムと、アジアの各国へ活動を広げていった。

現在、三十三カ国で、七百三十五人の司祭と修道士が、さまざまな移民、移住者共同体への司牧活動を通して、イエス・キリストの使命に従事している。

移民の司牧のためにささげられているスカラブリニの宣教者たちは、国際的に見て、最も人々が移動していくところに派遣されることを目指している。会員の宣教の働きは、特定のものに限定されず、移住者たちが置かれている状況のニーズに即した幅広いものとなっている。

§おもな使徒職

日本へは二〇〇三年九月十二日に渡来し、東京教区で活動を開始した。日本におけるスカラブリニ宣教会は、オーストラリア、フィリピン、台湾、インドネシア、ベトナムと日本から成る聖フランシス・カブリニ管区（本部シドニー）に属している。聖フランシス・カブリニ管区の会員たちは、移民の集う小教区、移民センター、神学生養成センター、移民研究センター、高齢になった移民のためのホーム（施設）、船員センター、教区が運営する移民のためのセンター等で活動している。

現在、日本には二名の宣教師が派遣されている。一人はフィリピン出身で、東京教区が運営するカトリック東京国際センターで、副所長として英語話者の司牧を担当している。もう一人はコロンビア出身で、さいたま教区の運営する移住者のためのセンターでスペイン語、英語を話す移住者のために働き、小教区の責任者としても司牧にあたっている。また、日本のスカラブリニ宣教会共同体をつくる準備として、アジア各国やラテンアメリカの神学生が来日し、日本語を勉強しながら司牧活動を行っている。

（写真は総長の訪問を受けたときのもの）

スペイン外国宣教会

§創立の由来・使命と目的

スペイン外国宣教会（旧ブルゴス宣教会）は、宣教のために外国に派遣されるスペインの教区司祭たちの会です。

パリミッション会（パリ外国宣教会）に続いて、教皇ベネディクト十五世によって、一九二一年に創立されました。

その時代、スペインの教区司祭たちは多く、自分の国の問題に関心が向き、外国宣教に携わる司祭たちはあまりいませんでした。

①創立年　②創立国　③創立者　④日本の本部

①1921年　②スペイン　③教皇ベネディクト十五世　④〒763-0048　香川県丸亀市幸町2-6-28　Tel：0877-22-9620　Fax：0877-25-0059

宣教を志す司祭たちの希望地は中国でしたが、派遣先はコロンビアでした。

スペイン内戦（一九三六―一九三九年）の後、司祭になりたい若者は溢《あふ》れて、一九五〇からいろいろな国に派遣されました。中国に入るのは不可能になりましたが、一九五三年に大阪教区田口芳五郎枢機卿（当時司教）の願いに応えて、聖フランシスコ・ザビエルのもう一つの夢である日本に来ました。委ねられた宣教の場所は、当時大阪教区に属していた四国の香川県でした。

スペイン外国宣教会の特徴は、教区司教に従って宣教することです。会長といわれる責任者がいても、宣教に関することは、会長ではなく司教に任せます。そういうわけで、会として独創的な活動をするというよりも、司牧の必要に応じて頼まれる活動をしています。

当時、教区長代理（当時知牧区）田中英吉師の高松の家で勉強して、丸亀市に本部と教会を建てました。一九六二年から田口大司教によって、夙川教会と英知大学でも宣教活動を始めました。

一九六三年に知牧区は高松教区に変わり、多くなったスペインの宣教師は両方の教区で宣教することになりました。このように、一九六四年から甲子園教会をはじめ大阪教区の二十四の小教区で今まで宣教してきました。

§おもな使徒職

レジオ・マリエ、聖書一〇〇週間、典礼とカトリック要理などの活動に努めてきましたが、外国人（ペルー、ブラジル、フィリピン、ベトナムなど）や、苦しむ人々のために、力と心を尽くしてきました。幼稚園を建てたり、学校で教えたりということもありましたが、特徴は小教区の司牧です。

六十年の間に、二十九人の司祭たちが日本に来て、その中の二十一人は日本の宣教のために生涯をささげました。その中の八人はすでに天国に旅立ちました。現在日本にいるのは八人です。若い司祭も三人いますが、残念ながら、スペインから新たに若い宣教師が来ることは少なくなりました。最初に日本に来た二人の宣教師トマス・オンダーラ神父とクレメンシオ・マンソ神父のうちマンソ神父は八十四歳になりましたが、今も元気で観音寺教会（香川県）と幼稚園で働いています。

二〇一四年の聖霊降臨の祭日に、カトリック丸亀教会の献堂式があり、市長や自治会長、民生委員など近隣の人々も集まって祝いました。二十年前から、「自分たちだけの教会ではなく、地域住民の皆さんのコミュニケーションの場」となることを目指して準備してきましたので、この献堂はわたしたち会員にとって、大きな喜びでした。

また、大阪教区では、サクラ　ファミリア（カトリックセンター・大阪梅田教会）、ビアンネ館（神学生志願者の家・布施教会）、宝塚教会、姫路教会、和歌山・紀北ブロックで働いています。

聖コロンバン会

§創立の由来・使命と目的

アイルランドの教区司祭、エドワード・ガルヴィン神父は、ニューヨークの小教区で司牧をしていた時、中国で活動をしていた一人の宣教師と出会いました。この出会いにガルヴィン神父は神様の呼びかけを感じ、宣教師となる決意を固め、一九一二年、中国へ渡りました。中国では宣教のみならず、個人的な活動では消化できないほどたくさんの仕事が彼を待ち受けていて彼の協力

①創立年　②創立国　③創立者　④日本の本部

①1918年　②アイルランド　③ガルヴィン司教、ブロウィック神父　④〒158-0098　東京都世田谷区上用賀4-1-10　Tel：03-3427-9427　Fax：03-3439-7754　www.columban.jp/

を求めました。当時、神学校の教授として教鞭をとっていた一人の若い司祭、ジョン・ブロウィック神父は、中国での宣教に共鳴し、教授の地位を捨てて中国宣教に携わることになりました。そしてガルヴィン神父と共に宣教会を創設させたのです。

ブロウィック神父がアイルランドで、多くの信徒たちの協力のもとに聖コロンバン会を組織し、ガルヴィン神父は中国で、新しい宣教師たちが実際に働く場の準備に取りかかりました。

まもなく聖コロンバン会は、アメリカやオーストラリアでも根を下ろし、将来の宣教師の育成に力を入れました。聖コロンバン会が急速に発展できたのは、各国で多くの信徒たちの精神的および経済的な支え、協力があったことはいうまでもありません。

日本の豊島教会は、一九四八年、聖コロンバン会の宣教師によって創立され、一九五六年六月に現在の聖堂が献堂されました。聖堂正面にはめ込まれたステンドグラスの聖人、聖パトリックは、豊島教会の保護の聖人です。

§おもな使徒職

終戦後まもなく来日し、東京教区の豊島教会をはじめ神奈川県の湘南地区を一九五〇年から一九八五年まで司牧。現在は、熊本県、和歌山県、千葉県の各小教区で司牧活動を続けています。

聖コロンバン会会員は、貧しい人々が生活している地区で、人間としての尊厳と、よりよい生活を求める人々と共に暮らして、証しをしています。現在、司祭が日本で地球の温暖化の問題に取り組んだり、正義と平和のために働いています。そして、他の司祭たちは各小教区でも活躍しています。

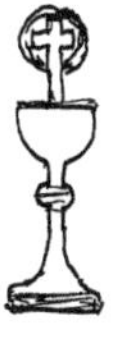

聖ヴィンセンシオの宣教会

（聖ヴィンセンシオ・ア・パウロの宣教会）

§創立の由来・使命と目的

本会は一六二五年、聖ヴィンセンシオ・ア・パウロによって創立されました。司祭とブラザーで構成されている国際的な宣教会です。創立者が考えていた宣教会の召命と使命の中心は、貧しい人々に福音を告げ知らせたイエスに従うことです。会憲には、宣教師たちは貧しい人々に福音を告げ知らせる

①創立年　②創立国　③創立者　④日本の本部

①1625年　②フランス　③聖ヴィンセンシオ・ア・パウロ
④〒655-0046　兵庫県神戸市垂水区舞子台8-20-1　Tel：078-782-5335　Fax：078-785-5695

イエスの精神に倣い、従うように努力するべきであると書かれています。

貧しい人々への福音宣教はイエスの使命の中心です。そのため、宣教会、そして、そのメンバーは皆、特に、貧しい人々に良い便りを常に告げ知らせる使命に呼ばれています。イエスの模範に倣い、従うためにすべてを捨てた使徒たちのように、わたしたちはすべてを捨て、主のみ心を行います。わたしたちの会のモットーは、〝貧しい人に福音を告げ知らせるために、主がわたしに油を注がれた〟です。

み摂理によって導かれた聖ヴィンセンシオは、周辺に追われた貧しい人々のさまざまな状態を見、その痛ましさに深く心を動かされ、その人々のために働きました。社会の中で物質的に恵まれない人々、見捨てられた子どもたち、戦争の犠牲者、ホームレス、弱い人、病気の人、家のない人、そして、ガレー船の奴隷のために、聖ヴィンセンシオは聖女ルイズ・ド・マリアックと共に、愛徳姉妹会と呼ばれる女性のグループを創立しました。この会は修道会でもなく、観想修道会でもありません。同じ目的と創立者をもつ本会宣教師は、愛徳姉妹会のシスターたちの指導司祭を務めています。

司祭であり、その時代の何人かの司教と親しい関係があった聖ヴィンセンシオは、フランスのカトリック教会に改善が必要だと気が付きました。それを達成するために、彼は教区の司祭たちや神学生にサンラザールの本部を開いて、自ら彼らに教え、養成しました。その務めも神に祝福されました。このようにして、わたしたちヴィンセンシャン（宣教会会員）は神学校のための司祭でもありわたしたちは教区の聖職者のためにも働きます。

§おもな使徒職

日本には一九四九年に、一人の宣教師が渡来しました。愛徳姉妹会の管区指導司祭として働くためです。本会は共同体を大切にしますので、その後二人の会員が来日し、三人で共同体をつくりました。現在二人は大阪教区と横浜教区の小教区に住み、教区の司祭と共に活動をしています。会員はそれぞれ離れて住んでいますが、互いに連絡し合い、定期的に一緒に集まって祈り、運動をし、分かち合い、食事をし、勉強し、そして、熟考するように心がけています。それぞれのミッションの場で、どんなに忙しくても、共同体の生活は会員にとって大切な事としているからです。

今、日本も移住労働者の問題をかかえていますが、これは時のしるしで、新しい貧しい人の姿です。多くの理由で、人々は自分の国から出て外国へ行き、働きたいのです。このような社会的現象にこたえて、会員たちは移住労働者の世話をしています。一人の宣教師は船員たちの司牧の仕事を教区から任命され、従事しています。特に、英語ができる労働者に対してです。その仕事は感謝の祭儀をささげることだけに限られていません。

なお、日本にはヴィンセンシアン・ファミリーと呼んでいる、四つの枝があります。宣教会、愛徳姉妹会、ＡＩＣ（Ladies of Charity）、そして、聖ヴィンセンシオの宣教会です。貧困の問題、貧しい人の問題はとても複雑ですから、それを解決するためには協働することが必要です。連帯への呼びかけは、本当に適当なことです。聖ヴィンセンシオは多くの人々とつながり、そのつながりを通して、多くの貧しい人々を助けることができました。

このファミリーは定期的に集まり、会議をし、一緒に勉強し、祈り、熟考して、一緒に貧困に対応し、奉仕します。宣教会会員は、このファミリーの指導司祭として働きます。

パリミッション会（パリ外国宣教会）

§創立の由来・使命と目的

パリ外国宣教会は（通称パリミッション会）は、修道会以外で外国の宣教に献身する初めての宣教会として、一六六四年に正式にフランスで創立された。これは教会の歴史の中で画期的な出来事だった。

一六五〇年代までの宣教の任務は修道会に任されていた。イエズス会、ドミニコ会、フランシスコ会などの修道士たちは献身的に、懸命に福音を伝えていて、

①創立年　②創立国　③創立者　④日本の本部

①1664年　②フランス　③パル・フランソワ、ランベール・ド・ラ・モルツ　④〒112-0015　東京都文京区目白台3-7-18
Tel：03-3941-0902　Fax：03-3941-0253

彼らの宣教は大きな実りをもたらしていたが、スペインとポルトガルという国の保護の下で宣教地に入っていたので、派遣先の国と商業的・政治的に癒着してしまいがちであった。

しかも気になるもう一つの問題があった。それは修道会が邦人司祭の育成に積極的な関心を示していなかったということである。もしも日本に迫害が起こったと同様に宣教師たちが追放されたら、代わりに宣教の任務を引き継ぐ邦人司祭がいなかったのだ。

このような問題の解決を目指して、当時の教皇たちは宣教の指導権を教会に取り戻すため、教皇庁の中に「布教省」(今の福音宣教省)を設立して、その指導と方針のもとで、他の国によらず直接に、邦人司祭を養成する司祭や、彼らを叙階できる司教を派遣することを決めた。教皇が当時活発だったフランスの教会に呼びかけると、一六五八年に三人の司教が応え、バチカンの布教聖省からアジアに派遣された。

最初はタイとその周辺の国、そしてインドから日本にいたるまでの広い宣教地を任された。これがパリミッション会の出発点である。その後、宣教師を養成する神学校がパリに創立され、教皇により宣教会として公認された。

本会に続いて、その後ミラノ、ザベリオ、スペイン、ケベック、メリノールなど十二の宣教会が創立され、そのほとんどの会は現在も日本で働いている。

ここで、修道会とは違う生き方をする「宣教会」の特徴をみながら、本会の宣教について記したいと思う。

●宣教会は修道会と違って、奉献生活に必要な三つの誓願を立てていない。
●教区司祭のように、派遣された教区の司教から任命を受け、その指示に従う。
●共同生活はしない。
●宣教が目的だが、霊性の特徴があるとすれば、それは開拓の精神あるいは宣教魂そのものである。
●本来なら宣教会は派遣先の国の召命を取ることはないが、先に述べた経緯からすると、邦人司祭の召命を促進することは宣教の重要事項となってくる。実際、日本の司教団ができるまで、パリミッション会はほとんどの神学校を担当し、たくさんの司祭が生まれるよう召命のために働いた。今は神学校の問題も召命の問題も、まず司教たちの責任になっているので、司教たちの召命司牧に積極的に協力したいと思っている。

一九九二年から本会の原則はやや変わり、もう既に司祭となっていて、パリミッションに入りたいという人がいれば、その人を会員として受け入れることができる。この場合、「外へ」という方針に従い、入会した司祭は自分の国、たとえば日本人が日本に派遣されるのではなく、かならず他の国に派遣される。今、韓国人とインド人の何人かの会員が、立派な宣教師としてアジアのいくつかの国で働いている。

●宣教会は、基本的に事業をいっさい持たず、学校や病院などの経営もいっさいしていない。医療や教育施設がなかった初期の頃だけ、特に貧しい女性のため、また酷《ひど》い差別を受けていたハンセン病者のために施設を設けようとしたが、それをできれば早いうちに現地の教会に譲り渡すのが本会の基本方針である。

*他の宣教会と同様に、パリミッション会が従っている三つのモットー

●一つ目は「外へ」。それは自分の国以外の国への派遣を意味するだけではない。

「内から外へ」、つまり教会がまだ存在していない地域、あるいは福音の種がまだ蒔かれていないと思われる階層（たとえば学生層、労働者層、芸術界）に入り、活動を始めること。

●二つ目は「生涯にわたって」。つまり一時的なかかわりではなく、一生涯、派遣先の国にとどまり、昔の宣教師が好んでいた表現を借りれば、派遣された国に自分の骨を埋めること。

●三つ目は「異邦人へ」。それは司教と契約がある一教区に入ったら、司牧の仕事だけにとどまらず、できるかぎりキリストを知らず、教会と縁がない人々の層に入っていくこと。

創立以来およそ三百六十年間、福音宣教の任務を果たしてきた長い歴史のなかで、百七十名ほどの会員が殉教し、二十三名が列聖された。

日本には、明治維新後の一八八四年に渡来し、宣教にかかわった会員の数は三百五十七名である。初期の頃はまだキリシタンの迫害も続いており、国全体は貧しく多くの問題をかかえていた日本の地で、社会福祉・医療・農産業ほか・文化活動など、人々の生活上の援助をはじめ多岐にわたって働き、二つの世界大戦も含めた困難な時代を人々と共に乗り越えてきた。現代もまた新たな社会環境からの挑戦に直面しながら、奉仕を続けている。

現在日本で働く二十名の会員のほとんどは小教区での司牧に当っているが、信徒活動団体、奉仕や市民団体などとのかかわりを通して、一般社会の人々と広く付き合い、福音的証しのチャンスを作るように努めている。

（写真はパリのカテドラルで行われたパリ外国宣教会創立三百五十周年の祝いのときのもの）

フィリピン宣教会

§創立の由来・使命と目的

一九六五年、フィリピンはキリスト教国になって四百年たったことを祝いました。

その折に、フィリピンのカトリック司教協議会は、国家的に、またそれぞれの教区においても、キリスト教を宣教するための協力体制をよりいっそう強めていくことを公約しました。そして過去四百年の間、信仰の恵みをくださった神さまへの愛と感謝のしるしとして、一九六五年五月に、フィリピン人の宣

①創立年　②創立国　③創立者　④日本の本部

①1965年　②フィリピン　③フィリピン司教団　④〒631-0003　奈良県奈良市中登美ヶ丘2-1984-72　登美が丘教会内
Tel：0742-44-8841　Fax：0742-44-8346

教師だけからなる外国宣教会（現在のフィリピン宣教会）を、フィリピンにおけるキリスト教の発祥地であるセブ市に創立しました。司教協議会は、司祭になる希望者を募り、彼らを養成して、フィリピン宣教会の司祭として海外へ、特にアジア地域の国々へ送り出すことを始めました。

創立五十周年を経過した現在、八十人の司祭と数人の準会員がいます。司祭はタイ、韓国、日本、パプアニューギニア、ニュージーランド、台湾、クック諸島、トケラウ諸島、トバル諸島そしてフィリピンなどで宣教活動をしています。さらに、アジア地域だけでなく、世界各地から司祭を送ってほしいとの要請が多く、オーストラリア、アメリカ、オランダ、ベルギー、ドバイ首長国連邦に派遣することになりました。わたしたちの宣教会もまだ規模が小さいので、すべての要請にこたえることができません。

フィリピン宣教会の司祭たちは、宣教地において、そこの教区司祭と協力して共同司牧を行います。また、その地にいる移住者たちのチャプレンとなって宣教することもあります。宣教地において、そこの聖職者の養成にかかわることもあります。

キリストの使徒として宣教活動に従事する本会の誕生は、教皇ヨハネ・パウロ二世の度重なる要請が実を結んだものでもありました。教皇ヨハネ・パウロ二世は、アジアで唯一のキリスト教国であるフィリピンが、すべての人にキリストの福音を伝える母なる教会と協力して、とくにアジア・太平洋の近隣諸国へ宣教することを強く望んでおられたからです。

フィリピン宣教会は、全世界の人々、とりわけアジアの人々がキリストへの信仰の恵みで活かされるように、その恵みを彼らに分け与えていくことを使命と考えています。

その宣教活動は、喜びのうちになされるものであることをわたしたちのカリスマとしています。それはわたしたちの働きが、いつも父なる神さまへの愛と感謝のうちに、また、マリアさまを通して、キリストとの内的一致のうちに、聖霊の力によって、行われるものだからです。

§おもな使徒職

一九九一年四月十六日、当時の京都教区長・ライムンド田中健一司教の招きにこたえ、京都教区で働くために二人の司祭が来日しました。西院教会、西陣教会、伏見教会を経て、現在は奈良市の登美ヶ丘教会内に日本の本部をおいています。来日後、増員された宣教師たちは那覇教区、広島教区にも活動範囲を広げ、教区の司祭と協力して働いてきました。

宣教師の重要な仕事は、「霊的」な援助です。特にいのちの尊さや、信仰の大切さや、神さまの存在を、日々の生活の中で証しすることだと思います。人々に洗礼を授けるのはわたしたちの権威ではなく、神さまの仕事です。わたしたちはただの道具にすぎません。

協力司祭として小教区で働くだけでなく、移民・移住者のための司牧もしています。フィリピン人が多いのですが、国籍に関係なくすべての人におよんでいます。移民や移住者の信徒たちにとって、いちばん安心していられる場がカトリック教会でありたいですね。

ベトレヘム外国宣教会

§**創立の由来・使命と目的**

ベトレヘム外国宣教会は異教の地の宣教を目的とし、一九二一年にペトロ・ボンドルフィ神父によりスイスで創立されました。一九二六年以来、中国東北部と北京から宣教活動は始まりました。

中国の政変により殉教した会員もいますが、国外追放になったのちは、日本の岩手県はじめ世界に向かいました。現在は、台湾、アフリカ、ケニア、モザンビーク、コロンビア、ペルー、エクアドルなどで宣教を続けています。

①創立年　②創立国　③創立者　④日本の本部

①1921年　②スイス　③ペトロ・ボンドルフィ神父　④〒020-0883　岩手県盛岡市志家町 5-16　Tel：019-622-5270　Fax：019-622-5235

日本へは、当時の仙台教区長、浦川和三郎司教の招聘を受け、当時の総長ブラッテル神父が受諾したことにより、一九四八年に来日し、岩手県の宣教をまかされました。初期の宣教師と信徒たちの姿が、来日五十周年記念誌『岩手とスイス』に掲載されています。その中にG神父が、山奥の開墾集落に信徒が一人いるというので訪ねたが門前払いされ、夜になって暴風雨のなか真っ暗な山道を木の根につかまり泥まみれになり、寒さに震えながら這《は》うようにして戻ってきたときの様子が書かれています。教会は初め信徒の家に二間、間借りしていました。

「その惨めな姿の中に崇高な伴天連の姿をみた。熱誠と頑固と信仰が結びつくとすごいことが起こる。言葉はろくに通じない。日本人の性格、伝統、文化にも無知。毎日が誤解と衝突の連続だ。信者の我々でさえ、あきれて口もきけないことがしょっちゅうだ。それでもガイちゃんは頑張った。万里の波濤《はとう》を乗り越えて、地球の反対側までやってきた宣教師魂だ。

もちろん我々もがんばった。気仙人は直言の癖がある。我々は喧嘩をしながらわかりあったのだ。信者が一人二人と増え始めた」（山浦玄嗣記）と。

§おもな使徒職

多彩な神父たちが、各々がもつ固有の力で岩手の人々と共に歩きました。

●文学（文学論九冊を著作。そのほか大学で教える。）

●医学・哲学（日本で初めて医学倫理を医科大学で講じた。）

●建築（日本風を取り入れた近代建築の設計）で奉仕。

●研修生をスイスへ派遣し、牧畜、農業、酪農の指導。

●国の許可のもと、二十年間かけて五十種二千本を植林（農民文化賞受賞）。

●二戸地方のほとんどの花を九冊の本に丁寧に緻密に描きあげて二戸市に寄贈。

●バイブルソングの作曲や彫刻など。

●岩手カトリックセンターでは、「社会の中の教会」主催で公害やその時代の社会問題を考える講演会や、文化活動を信徒と共に開催。

●ボーイスカウトも発足し、青少年の育成に尽力。

現在は高齢のため帰国した会員や日本の土となった会員もいて、残る会員が仙台教区で宣教協力として働いています。この夏、「一九五〇年　ある冬の日」と題するアルバムの贈物が会に届きました。「私の少年の日の思い出であると同時

←寒い雪の山道の途中で、もう一時間もまえから司祭を出迎える兄妹たち。

→さっそく家族七人でささげるミサ。祭服は主の復活を準備する四旬節の紫色。

に、ベトレヘム外国宣教会の神父様方の青春の思い出でもあります」と便りが添えられており、そこにはかつて会員が岩手県の気仙郡にただ一軒しかないカトリッ信者の家庭のため、国鉄大船渡線の終点、盛駅から寒い冬の山道を片道三時間半歩いてミサに通った遠い日の働きがみえます。妹をおぶっている少年（山浦玄嗣医師）が当時の記憶をもとに描いたもので、のちに彼は『ガリラヤのイエシュー——日本語訳新約聖書四福音書』を著しました。（301ページの二戸地方の民家のイラストは会員のシュトルム神父画。）

ミラノ外国宣教会

§創立の由来・使命と目的

十六～十七世紀の外国宣教は修道会によるものでしたが十九世紀になると、伝統のある古い教会が世界への福音宣教の責任を感じるようになりました。

一八五〇年にアンジェロ・ラマッツォッティ司教によって、イタリア・サロンノ市に教区の若い司祭たちの情熱の

①創立年　②創立国　③創立者　④日本の本部

①1850年　②イタリア　③アンジェロ・ラマッツォッティ司教　④〒206-0021　東京都多摩市連光寺6-11-6　Tel：042-371-9844　Fax：042-371-9624

結実である外国宣教のための神学校が設立されました。

一八七四年にはピエトロ・アヴァンツィーニ神父によって、同じくローマにも神学校が設立されました。

その後、一九二六年にピオ十一世によって両神学校は合併され、これを機会に、会名は「教皇庁立外国宣教会」（日本で「ミラノ外国宣教会」）とされ、新しい歩みを始めました。

創立以来、世界の三十教区以上に教会を設立し、現地司祭に引き渡してきた本会は、時代とともに発展。一九八九年以降は会への受け入れにも広がりを見せて、国際化を進めています。

現在、本国イタリアをはじめ、アフリカ諸国、ブラジル、メキシコ、パプアニューギニアなど、世界十八カ国のあらゆる文化の中で、そこに住むすべての人々のために奉仕を続けていますが、特にアジア諸国を中心にして、その国の司教団の指導の下、教会の発展と司祭の召命推進のために共に働き、キリストを宣《の》べ伝え、証しすることを目指しています。

福音のためにもたらされる苦しみが
　訪れる日は幸い。
しかし、もっと幸いなのは、
わたしが福音のために喜びをもって
自らの存在を明け渡す時である。

——派遣のときの祈り

§おもな使徒職

会の創立から一世紀たった一九五〇年、二人の宣教師の来日によって始まった日本での活動は、二〇一〇年に六十周年を迎えました。現在では、東京、横浜、さいたま、広島、福岡の五教区で、小教区の司牧のかたわら、幼稚園教育、諸宗教との対話、コミュニケーションなどの分野にも取り組んでいます。

メリノール宣教会

§創立の由来・使命と目的

一九〇八年にローマ教皇庁からアメリカ合衆国カトリック教会は、十分成長していてもう宣教地ではないことが宣言された。アメリカの教会には、まだ派遣できる宣教者がいなかったが、アメリカの宣教者をアジアに派遣するという夢をいだいていた二人の司祭、ウオルシュ神父とプライス神父がいた。

一九一一年六月二十九日に教皇ピオ十世から、外国宣教者を育成する神学院を始めてよいという許可を与えられた。

一九一八年には、ウオルシュ神父は、四人の宣教者を中国に

①創立年　②創立国　③創立者　④日本の本部

①1911年　②アメリカ　③ジェイムス・アンソニー・ウオルシュ神父とトーマス・フレデリック・プライス神父　④〒102-0094　東京都千代田区紀尾井町 6-2　Tel：03-3261-7283　Fax：03-3222-0726

派遣、次に朝鮮半島と中国東北部（旧満州）にも宣教者を派遣した。

一九三五年には、バーン神父が宣教者を日本に派遣し、滋賀県をはじめ京都市内でも活躍し、小教区をいくつか設置した。

戦争が始まったころ、日本にいるすべてのメリノール宣教会の神父は、本国アメリカ合衆国に送還されたが、バーン神父は日本を去ることを拒否し、戦争中、高野教会で自宅監禁となった。

戦後、当会は東京でも活躍するようになった。一九四六年、ティベサー神父が日本に戻り、銀座三越デパートの七階で銀座教会を始め、カリタス・ジャパンの会長に挙げられ、一九四九年、日本カトリック教区連盟（現・日本カトリック中央協議会）事務局長に任ぜられ、資金集めに尽力、一九五一年、六番町の建物（旧カトリック中央協議会）を建設。

京都ではスタインパック神父が福祉事業を行い、東京には一九四七年に、マキロップ神父がアジア救済連盟（略称ララ）のカトリック代表者の一人として活躍。次にフェルセッカー神父がララのカトリック代表者となった。カシュミッター神父が東星ニューズを発刊、翌年からMissionary Bulletinを発行、編集長を務めた。

一九五四年に当会は北海道で宣教活動を始め、今、札幌、東京と京都の諸教区で活躍している。

§おもな使徒職

メリノール会は、宣教会として、状況にあわせ使徒職のやり方を決めるという精神である。会ができたころの目標は、外国に行って教会がまだできていない地域に福音を宣べ伝え、人に洗礼を授け、教会を育てることだった。同時に、神父を育てるための努力も惜しまずにした。今は小教区の司牧の目標は、信者が宣教者の精神を育てることだ。

信徒養成や小教区の活性化に力を入れ、各小教区が自立できる共同体になるという方針を採択し、各小教区が①「自身で」小教区共同体の方向性を決め、②「自身で」小教区共同体生活の維持ができ、③「自身で」福音の発展を計るという三つの「自身で」の基準を示した。また、司祭が不在の場合、信徒自身が典礼を行うように、「集会祭儀」を導入した。

会には一人の会員が、自分で新しい宣教の仕方をやってみたいという希望を尊

重する伝統がある。今までの例をあげると、

［霊性において］　会員は信徒の霊性の深化を計り、個人の霊的指導者のグループを養成、また、黙想の家を設けた。

［教育活動］　小教区活動と共に、教育分野で、会員は大学、高校、幼稚園などで教え、学生寮を設立など。

［福祉活動］　在日韓国・朝鮮人、被差別部落からの人が集まっている地域に、福祉事業の場としての「希望の家」設立。

［アルコール・薬物回復プログラム］　二人の会員はアルコール依存者になり、回復するプログラムに入り回復への道を見つけた。彼らは自分の体験を生かし、日本人のための回復プログラムを導入した。アルコールのためＭＡＣセンターを設立、麻薬のため「ダルク・リハビリテーション・センター」を設立。このプログラムは依存症をのりこえようとする人々の大きな助けとなり、今、日本全国まで広まっている。

右記のそれぞれの例が、メリノールの多様性のある使徒職を示す。

＊インデックスでの修道会と宣教会の名称は通称を使い、本文では通称名とかっこ内に正式名を記しています。

＊始めに修道会、続いて宣教会を五十音順に紹介しています。

＊聖書の引用は、日本聖書協会発行の『聖書　新共同訳』を使用させていただきました。

❖宣教会(使徒的生活の会)

❖修道会(奉献生活の会)

本書の出版にあたり各修道会、
宣教会のみなさまには、
多大なご協力を
いただきました。
心からお礼を申し上げます。

■著者紹介

大山 悟 （おおやま さとし）
サンスルピス会司祭　日本カトリック神学院(東京キャンパス)養成者

菅原 裕二 （すがわら ゆうじ）
イエズス会司祭　教皇庁立グレゴリアン大学教会法学部長

溝部 脩 （みぞべ おさむ）
サレジオ会司祭　高松教区名誉司教

谷口 純子 （たにぐち じゅんこ）
元小学校校長　カトリック大名町教会信徒

ブックデザイン｜森 木の実
イラスト｜矢野滋子

神父と修道士と宣教師たち

著　　者　大山 悟ほか共著
発 行 所　女子パウロ会
代 表 者　松岡陽子
〒107-0052 東京都港区赤坂 8-12-42
Tel.(03) 3479-3943　Fax.(03) 3479-3944
webサイト http://www.pauline.or.jp
印 刷 所　工友会印刷所
初版発行　2015年11月 1 日

ISBN978-4-7896-0764-3 C0116 NDC198